梦山书系

优秀**语文教师**必备的
七项**核心技能**

杨海棠◎著

海峡出版发行集团 | 福建教育出版社

图书在版编目(CIP)数据

优秀语文教师必备的七项核心技能 / 杨海棠著 .—福州：福建教育出版社，2019.4（2021.3重印）
ISBN 978-7-5334-8364-7

Ⅰ.①优… Ⅱ.①杨… Ⅲ.①小学语文课–教学研究 Ⅳ.① G623.202

中国版本图书馆 CIP 数据核字（2019）第 003371 号

Youxiu Yuwen Jiaoshi Bibei De Qi Xiang Hexin Jineng
优秀语文教师必备的七项核心技能
杨海棠　著

出版发行	福建教育出版社
	（福州市梦山路27号　邮编：350025　网址：www.fep.com.cn
	编辑部电话：010-62027445
	发行部电话：010-62024258　0591-87115073）
出 版 人	江金辉
印　　刷	福州华彩印务有限公司
	（福州市福兴投资区后屿路6号　邮编：350014）
开　　本	710毫米×1000毫米　1/16
印　　张	12
字　　数	189千字
插　　页	2
版　　次	2019年4月第1版　2021年3月第2次印刷
书　　号	ISBN 978-7-5334-8364-7
定　　价	30.00元

如发现本书印装质量问题，请向本社出版科（电话：0591-83726019）调换。

开篇的话：为优秀语文教师投保

开篇先对老师们说几句话，介绍一下这到底是一本什么样的书。

第一句话，这是一本为成就优秀语文教师的人写的书。

这本书是讲教学技能的。大家知道，做一名合格的语文教师，必须具备基本的教学技能，这些基本的教学技能是教师掌握了教学基础知识之后经过历练所形成的教学能力，诸如普通话、简笔画、板书、提问、讲解、朗读、组织教学、布置作业等。可是，要想成为一名优秀的、出类拔萃的语文教师，还必须具有高于一般教师的、适应21世纪立德树人需要的几项最重要的核心教学技能。老师们，你有了这几项最重要的核心教学技能，有了这几项"绝活"，你便有了成为优秀语文教师所必备的看家本领，你便能"吃"满天下了。

有人说，目前的语文课堂教学效率普遍偏低的主要原因，不是教师的理念问题，教师不是不知道教学理念，不是不知道教学上的道理，而是理想问题，是信念问题，是理想与信念支持下的教学技术和教学能力问题，是教学水平问题。大量的事实告诉我们，优秀语文教师，都是具有坚定理想信念的教师，都是具有几招非常过硬的、别人难以企及的看家本领的教师。相信你也一定会成为那样具有几项关键技术的、有几项"绝活"的优秀语文教师。

第二句话，这是一本特级教师、正高级教师成长与发展的经验之书。

这本书是一位语文特级教师的成长体会之作，是一位做了17年语文教师、23年语文教研员的经验之谈。这本书有以下几个特点。

（一）自下而上

一般与教师谈教学技能、专业发展的书，往往都是自上而下，耳提面命，要求教师应该怎么样、怎么样。这样高高在上、少了理解与尊重、不切合教师教学心理与成长实际需要的做法，常常会让老师们产生反感，甚至排斥情绪。本书与之不同，是自下而上。作者从广大一线语文教师教学心理与成长进步的实际需要出发，摆现状，提问题，析因缘，荐方法。让人读起来会觉得亲切，舒服，可学，管用。老师们一定会乐于接受，喜于践行。

（二）推陈出新

从表面上看，这七项核心教学技能都是老师们耳熟能详的，但仔细读起来却不落陈套，让人耳目一新，有相见恨晚之感。

教学设计技能，作者引导广大教师，从五个维度，透彻把握课标；变换三种角色，全面研读教材；拓展四个方面，精准理解学生。在这样的基础之上，作者提出了"语文课堂学习语言文字运用"四项重要的基本原则。新的教学设计原则的提出，对那些长期依赖教参、抄袭教案，不会独立研读教材，误判学情，不会教学设计的教师而言，是一次备课的革命。

教学实施技能，作者提出了阅读教学"为学生学习语言文字运用而教"的四环节教学法，帮助老师们摆脱阅读课长期存在的"教课文"困境，走向"教语文"圣地；作者优化了作文教学设计，创新性地解决学生写作文时"写什么""怎么写"的问题，解决老师们教作文时"教什么""怎么教"的问题，真正改变作文教学效率长期偏低的现状；作者还结合当前的教学实际向老师们提出了怎样上口语交际课、怎样上语文综合性学习课的恳切建议。

教学评价技能，作者提出了新的考评方式"问课"，考查学生语文学习成果的口语表达质量；作者一反传统的评课思路，提出了从学生"学习效果"的角度反观课堂教学的评价新模式。

教学科研技能，作者为老师介绍了四种比较重要的而一般教师又没有做到的教学科研方法，引导老师们走上教学科研之路，走上教学创新之路，这同时也是老师们的教学快乐之路。

教学阅读技能，作者提出了语文教师必须具有丰富的教学理论知识，向老师们介绍了教育学、教育心理学、哲学这些指导教育教学的理论知识导读建议，向老师们介绍了如何阅读文学名著的巧方妙法，介绍了几位教育大师的教育思想、教学方法等，让语文教师在理论光芒的照射下，从见怪不怪的"教学习俗"中转变过来，具有教学必备而又丰盛鲜活的教学理论素养。

教学写作技能，作者介绍了我国顶尖的三位语文名师的教学写作经验，介绍了作者本人几十年来是如何学习写作的，还向老师们介绍了八种类型教学文章的写作技巧。以上这些十分宝贵的教学写作知识与十分管用的教学写作经验，对老师们走出长期存在的"不会写作""难以发表"的困境有很大的帮助。

教学幸福技能，作者从三个方面为老师们提供了切实可行、一用即行的"工作者，快乐者"的成长方案，提出了一系列让老师们喜闻乐做的幸福工作方法，让语文教师每天都生活在快乐与幸福之中。

（三）推己及人

本书从一定意义上讲，也是一本教师继续教育书，是一本培养优秀语文教师的继续教育书。这本培养优秀语文教师的继续教育书，是一位有着多年教学教研经历、从来没有离开过课堂、从来没有离开过语文教师的教研员写的书，是一位离教师最近的"教师的教师"写的书。因此，这本培养优秀语文教师的继续教育书，是非常接地气的。

本书作者，是小学语文教研员，特级教师，正高级教师。多年的学习与实践，使他既有宽广的教学理论视野，具有丰厚的教学理论素养，又有丰富的教学实践经验，有深切的课堂教学感受，有当老师的诸多体会。这位教研员与别的教研员的最大不同，就是上课，长期地上课，他先教后研，先读后写。40年来，他一直在语文课堂里，在语文教学第一线，与教师们一块儿教书，与学生一块儿学习。他一直与教师们共同成长，他具有教师心，学生情。正因为他最知教师心，最领学生情，最了解教师需要什么，喜欢什么，反对什么，所以，他在构思时，在行文中，都能处处考虑到教师的心理感受与实际需要，都能处处设身处地、推己及人，与教师朋友面对面，叙经验，谈教训，说体会，讲方法，娓娓道来，亲切感人。正因为如此，本书的一字一句，都会让老师们心悦诚服；一节一章，都会引起老师们的心灵共振！

第三句话，这是一本为优秀语文教师投保的书。

作者坚信：语文教师具备了书中提出的七项核心教学技能，便投了"优秀"之保，便入了"成功"之箱，便有了别人难以具有的却是优秀语文教师所独有的语文教学幸福之"家"。

杨海棠

2017年8月5日

目 录

第一章　教学设计技能 01
- 第一节　研读课标 03
- 第二节　研读教材 22
- 第三节　研读学生 36
- 第四节　教学设计 41

第二章　教学实施技能 45
- 第一节　阅读教学 47
- 第二节　作文教学 52
- 第三节　口语交际教学 59
- 第四节　综合性学习教学 63

第三章　教学评价技能 69
- 第一节　评课 72
- 第二节　问课 75
- 第三节　考核 78

第四章　教学科研技能 83
- 第一节　课堂观察 86
- 第二节　广泛调查 90
- 第三节　行动反思 94
- 第四节　科研课题 100

第五章　教学阅读技能 109
- 第一节　读教育学 111
- 第二节　读教育心理学 116

  第三节 读哲学 120
  第四节 读文学 124
  第五节 读教育大师 128

第六章 教学写作技能 135
  第一节 听名师讲写作 137
  第二节 我是怎样学习写作的 146
  第三节 语文教师写作的八种类型 155

第七章 教学幸福技能 171
  第一节 热爱与梦想 173
  第二节 担当与坚强 176
  第三节 学习与善良 179

参考文献 182

后记：不信东风唤不回 184

第一章

教学设计技能

教学设计技能，也就是通常说的备课技能。备课是上课的基础。只有备好课，才能上好课；只有备好课，才能确保课堂教学质量，提高课堂教学效率。语文教学的各个环节，备课最重要！可以说，备课的意义、备课的重要性，老师们都懂，都知道，但是在实践中，仍有许多教师轻视备课，没能潜下心来备课。当前备课存在的突出问题是：一些教师对《教师教学用书》依赖性太强。甚至有些老师认为，备课就是写教案，写教案就是照搬教参，就是抄教案。这种图省事备课、马虎备课、抄袭别人的教案作为自己备课成果的做法，是对"备课"二字的亵渎，也是对教师名声的玷污。我相信绝大多数教师是不会这样做的。

备课，就是备课标、备教材、备学生。认真充分地做好了这几项工作，最后才是教学设计。备课就像写文章，备课标、备教材、备学生，就是为教学设计做准备，为写文章积累素材。素材准备得充分，文章才容易写，才能写得好。所以，备课的前期工作做得好，教学设计才容易，才会设计得科学、合理。备课标、备教材、备学生，是务虚的、隐性的，是别人难以看得见的；而最后的教学设计（教案），才是物化的、外显的，别人能够看得见的。全国著名特级教师于永正曾经说过，他每次备课要花70%的精力看课标、读教材、想学生，尤其是花大量的时间读教材、研究教材，而只花30%的精力进行教学设计，写教案。无怪乎有人认为，备课这项隐性极强的工作，最能看出一个教师的敬业精神，最能体现一个教师的职业道德。

第一节　研读课标

按理说，研读课标，把握语文教学的总目标，把握各个学段的教学目标与内容，把握各项教学内容的教学策略与方法，不应该是平时备课必做的工作。这项工作应该提前做好，提前对课标各方面内容了然于胸。但实际情形却不是这样的。据我所知，有许多教师根本就没见过课标，没学过课标，更多的教师在教学中压根儿就没有课标意识，没把课标当回事，他眼里所看重的、所依据的只是《教师教学用书》，以及手头现成的所谓"优秀"教案。

《义务教育语文课程标准》（2011年版，以下简称"课标"），是语文教材出版单位编写教材的依据，是学校语文教师做好教学工作的依据，同时也是语文教师对学生语文学习考评的依据。"课标"是语文课程的灯塔，是语文教学的旗帜，我们每一位语文教师都应该向它看齐，都应该敬畏它，解读它，学习它，并且在教学实践中老老实实地践行它。而《教师教学用书》和所谓"优秀"的教案是别人根据自己的知识水平对教材所作出的解读，是别人根据课标要求所提出的教学建议、进行的教学设计。别人对教材的理解，不能代替我们自己的理解；别人提出的教学目标，不一定适合我们自己班的学生；别人提出的教学建议，也不一定适合自己的教学设想。更重要的是，一味地依赖《教师教学用书》和所谓"优秀"的教案，也失去了我们自己从学习课标的过程中，从解读教材的过程中，从教学环节的设计中，所本该享受到的发现、惊喜与快乐。总之，吃别人嚼过的馍，不香！

以研究的姿态解读课标，就是对课标的"五个把握"。

一、把握课标整体

从整体上看，课标主要有三部分内容。第一部分是"前言"，包括课程性质、课程基本理念、课程设计思路。"前言"部分，让大家对语文课程有一个基本的认识——这门课程的根本属性是什么，这门课程的基本思想是什么，它的整体设计思路是怎样的。这些实际也就是课程实施的背景、基础，告诉大家语文课程"为什么这样教"。第二部分是"课程目标与内容"，包括总体目标与内容、学段目标与内容。"课程目标与内容"告诉大家语文课程应该"教什么"——从义务教育阶段语文课程总体应该教什么，到小学、初中分别应该教什么，小学又细化到三个学段（1—2年级，3—4年级，5—6年级）分别应该教什么。第三部分是"实施建议"，包括教学建议、评价建议、教材编写建议，以及课程资源开发与利用建议。"实施建议"告诉大家语文课程应该"怎么教"——从教师、教材、学生的关系上提出"怎么教"；从"教学评价"一方，引导教师调整教学内容与方法，改进"怎么教"；从"教材编写与建议"一方，启发教师在教学中应该注意什么，完善"怎么教"；从"课程资源开发与利用建议"一方，引导教师具有"大语文"教育观，开发课程资源，丰富教学手段，让"怎么教"具有大境界，让语文教育具有大成效。

从总体上把握课标，就是从整体上把握语文教学的三大要素——教什么、怎么教、为什么这么教。弄清了这些，就把握了义务教育阶段语文课程标准的主要内容，就为语文课程的具体实施打下了坚实的基础。

二、把握课程性质

语文课程的性质，即语文课程区别于其他课程的根本属性。语文课程的根本属性，是学习语言文字运用，而非学习课文所承载的知识与思想内容；其他课程，如数学、物理、化学、政治、历史、地理等，则主要是学习课文所承载的知识与思想内容，而非语言文字运用。学习内容的不同，就是语文课程区别于其他课程的根本属性。把握语文课程的性质，应该重点把握以下两个方面。

（一）语文课程是一门学习语言文字运用的综合性、实践性课程

1. 语文课程的主要任务

语文课程的主要任务，是"学习语言文字运用"。语文教师要为引导学生学习语言文字运用而教，让学生正确地理解和运用祖国的语言文字，具有一定的听说读写能力，尤其要培养学生的阅读和写作能力。我们要正确地把握学习语言文字运用的内涵。语文教学中的识字、写字、学词、学段、学篇、朗读、默读、理解、品析、复述、背诵、积累，以及口头语言运用、书面语言运用等，都是学习语言文字运用。我们千万不能窄化学习语言文字运用的内容，不能以为学习语言文字运用，就是只学运用，不学理解与积累。理解与积累是运用的前提。所以，学习理解与积累，也是学习运用。

2. 语文课程的综合性

语文课程的综合性，主要是整体性、全面性、联系性。语文学习的综合性，应包括语文学习目标的综合性，语文学习内容的综合性，以及语文学习方法的综合性。

语文学习目标的综合性：即知识与能力，过程与方法，情感、态度与价值观。语文的每一项学习内容，其目标都是以上三个方面的综合，三者缺一，都不是完整的语文学习。语文的综合性学习，既要提高学生语文综合运用能力，又要提高学生分析问题和解决问题的能力，提高学生的语文综合素养。

语文学习内容的综合性：即学习内容的全面性和联系性。识字与写字、

阅读、作文、口语交际、综合性学习，都要学习好，同时还要注意它们之间的有机联系，不能把它们割裂开来，各自为战。另外，语文学习内容的综合性，还体现在学生在语文学习的过程中，既要学好语言、发展语言，同时又要注意发展思维，培养审美能力，提升语文核心素养和语文综合素养。

　　语文学习方法的综合性：即学习方法的全面运用与相互结合。课文学习，既要重视默读认知，又要重视朗读体会；既要重视理解性学习，又要重视运用性学习。作文学习，既要引导学生积累词汇，又要引导学生积累生活；口语交际学习，既要让学生能听会说，又要让学生文明听说，并善用肢体语言辅助表达。语文综合性学习，既要提高学生语文综合运用能力，又要提高学生分析问题和解决问题的能力，提高学生的语文综合素养。

　　语文学习的综合性的反面是语文学习的片面性、孤立性，可以这么说，语文学习的综合性是语文素质教育，而语文学习的片面性则是语文应试教育。我们坚决实施语文素质教育，反对语文应试教育。相信老师们都会引导学生进行语文综合性学习。

3. 语文课程的实践性

　　实践性是语文学习的鲜明特征。纸上得来终觉浅，绝知此事要躬行。学生要提高语文学习能力，必须靠大量的语文实践，在实践中学语文，用语文，巩固语文基础，提高语文实用能力。语文学习的实践性，就是读的实践、写的实践、听的实践、说的实践。提高学生的口语表达能力，必须上好口语交际课，让学生多听、多说，多即时对话，多进行言语交际。提高学生的阅读能力，必须教给学生阅读方法，给学生留出充分的时间，让学生自主阅读，自主朗读、默读、理解、体会、思考、积累、运用，从读学读，从读学写。提高学生的作文能力，也必须让学生多读多写，多观察、多思考、多积累、多写作。当前，学生的语文学习实践存在的突出问题是：课堂上老师讲解分析得多，学生自主阅读得少；学生课内听得多、记得多，而课外语言文字运用得少；学生写的语文作业多，并大都是机械地抄写字词，而极少有朗读复述、口语表达、阅读理解，以及写作文等。由于学生语文自主实践得不够，语文实践片面，所以，当前学生的语文学习能力普遍较低。这是语文教学的一大通病。

（二）工具性与人文性的统一，是语文课程的基本特点

理解这句话，要把握以下几点：①语文课程的基本属性是工具性。实施语文课程教学的主要目的，是让学生掌握语言工具。②工具性并非唯一，"统一"也并非平分。语文教学是在学生学习、掌握语言工具的过程中，向其渗透人文思想，润物细无声地使其接受情感和伦理熏陶。学生在语文学习过程中，掌握了语言工具，人文性也自含其中了。③语言工具，即字词句段篇的理解与积累，听说读写能力的历练与提升，以及理解、积累、运用语言工具的方法。④当前语文教学存在的突出问题是：由于学生没有很好地掌握语文工具，因此课文的思想情感也体会得不深不透，人文性也没掌握好。

三、把握基本理念

何为"理念"？理念即思想观念。语文课程的基本理念有四个方面：全面提高学生的语文素养，正确把握语文教育的特点，积极倡导自主、合作、探究性的学习方式，努力建设开放而有活力的语文课程。正确理解上述语文课程的基本理念，必须注意五点。

（一）整体观照

语文课程的基本理念，就是语文课程的根本思想，是全面提高学生的语文素养，而不是片面提高学生的语文成绩。语文课程"教"的思想，是正确把握语文教育的自身特点，按照母语教育的自身规律，不能受外界考试等因素的左右；语文课程"学"的思想，是让学生能自主、合作、探究性地学习，而不能以教师孤立地讲解分析取代学生广泛而生动活泼的学习；语文课程"建设"的思想，是建设开放而有活力的丰富的语文课程，而不是只把一本薄薄的教科书交给学生，让他们待在封闭的教室里，死读呆念。

（二）全面提高学生的语文素养。

1. 语文课程必须面向全体学生，开足、开齐课程

实际教学中，不能轻视写字课，不能轻视口语交际课，不能轻视综合性学习课。目前，许多学校平时根本不上这三门课。有的学校即使上了，也是走走过场，不讲实效。

2. 提高学生的语文素养，当前尤其要加强七个方面

①要改进教学内容与方法，培养学生热爱语文的思想感情。这方面特别重要。②引导学生丰富语言积累，要在学生深刻感悟语言内涵的基础上，在真正理解、体会的基础上进行积累，而不是让学生大量地、机械地写字抄词，死记硬背。③要培养语感，发展思维，必须引导学生对语言文字运用的品味、揣摩，特别要注意引导学生品味、揣摩语言运用的作用、妙处，从而真正把握语言丰富的内涵。这样，在品味、揣摩语言文字运用的过程中，才能培养学生的语感，发展学生的思维。④要让学生初步掌握语文学习的基本方法，教师的平时教学要有这个意识。语文学习的基本方法，如朗读、默读、理解、体会、分析、归纳、思考、从读学写，以及口语表达、书面表达等方法。方法的教学十分重要。学生掌握了大量科学有效的语文学习方法，经过语文实践，才有可能事半功倍地形成和提高语文学习能力。⑤养成学生良好的语文学习习惯非常重要，当前学生在这方面很欠缺。学生有了良好的语文学习习惯，提高语文素养才有保障。⑥培养学生语文学习的各种能力，包括识字写字能力、阅读能力、写作能力、口语交际能力、综合性学习能力，这些是语文教学的主要任务。⑦提高学生的人文素养，主要是让学生多读书、少做题，发挥优秀文化的熏陶感染作用。人文素养不是教师总结、概括灌输给学生的，而是学生在多读书、多理解、多感悟的过程中体会出来的。

（三）正确把握语文教育的特点

1. 语文教育的特点

语文教育的特点是：听说读写的语文实践，思想感情的熏陶感染，及汉语言文字本身所固有特点对语文学习方式方法的规定与影响。

2. 注意培养学生良好的语感和整体把握能力

语文教学尤其要注意培养学生良好的语感和整体把握能力。培养良好的语感，必须让学生多读、多写、多听、多说；培养学生整体把握能力，必须在读写听说的过程中，进行整体感悟、体会、思考。教师支离破碎地讲解、分析，学生机械重复地做题、抄写，是永远培养不出学生良好的语感和整体把握能力的。

3. 特点决定方法

语文教育的特点，决定了语文教育的方法，决定了语文教育的过程。我们要把握特点，优选方法，规范过程，正确施教，提高学生的语文素养。

（四）积极倡导自主、合作、探究式的学习方式

1. **学生的自主学习是最主要、最常用的语文学习方式**

语文教学，主要是引导、促使学生主动自学。我们要花最大的力气，确保学生自主学习方式的实现。语文教学中，我们必须注意激发学生的学习兴趣，教给学生学习方法，给学生留出充分的自主学习时间，让学生能够自由自在、轻松愉快地学习。学生能够充分地自主学习，有效地学习，通过自学有获得感、成就感，才有希望提高语文学习能力。请记住：学生语文学习能力，不是老师讲解、分析出来的，而是学生大量的自主学习实践历练出来的。

2. **语文的合作学习很有必要**

独学而无友，则孤陋而寡闻。合作学习，相互启发，能打开学习思路，启迪学习智慧，培养学习兴趣，提高学习效率。当前的语文课，合作学习运用得很不理想，必须要加强。

3. **探究式学习是一种培养学生创新思维、创新能力的学习方式**

这种学习方式，小学每个学段都可以适当地采用。当前的语文课，很少见到学生进行探究式学习，学生在课外，也很少有探究式学习。这是目前应该补上的一种非常重要的语文学习方式。探究式学习方法的运用与能力提高，对学生将来的创新学习与工作，有很大的影响和作用。

（五）努力建设开放而有活力的语文课程

1. **语文课内外结合**

语文教学要尽量拓宽学生语文学习和运用的领域，开辟学生语文学习的场所，让学生在广阔的生活中，利用先进设备、多种媒介、相关平台、可用渠道，学语文，用语文。

2. **注意引导学生进行跨学科学习**

语文教学要注意让学生进行跨学科学习，运用现代科技手段学习，开阔

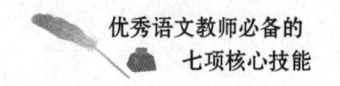

视野，全面提高语文素养。

四、把握目标内容

"课程目标与内容"分为"总体目标与内容"和"学段目标与内容"。

（一）总体目标与内容

"总体目标与内容"共有10条。前5条分别讲的是：①在语文学习过程中，培养学生良好的思想道德、审美情趣、创新精神和合作精神，形成积极的人生态度和正确的世界观、价值观；②体认中华文化的丰厚博大，汲取民族文化智慧，吸收人类优秀文化的营养，提高文化品位；③培育热爱祖国语言文字的情感，增强学习语文的自信心，养成良好的语文学习习惯，初步掌握学习语文的基本方法；④在发展语言能力的同时，发展思维能力，学习科学的思想方法，逐步养成实事求是、崇尚真知的科学态度；⑤主动进行探究性学习，激发想象力和创造潜能，在实践中学习和运用语文。后5条分别讲的是学生应该达到的具体的语文能力，包括识字写字能力、阅读能力、作文能力、口语交际能力，以及语文综合性学习能力。

从以上10条"总体目标与内容"中我们可以看出：①前5条比较抽象、模糊，后5条比较实在、具体。②前5条重于后5条。因为前5条都是非常重要的语文素养，都是非常优秀的语文学习品质，它们对学生的长远发展和终身塑造都有重大影响，而后5条是具体的语文能力，是操作层面的。一个人的语文素质，看不见的往往比看得见的重要。③以前我们在语文教学中，由于眼界狭窄，急功近利，往往只注重了后5条，而忽视了前5条。看不见但非常重要的能管住长远的反而被忽视了，这是语文教学的又一重大失误。我们以后要避免这种片面的语文教学行为。

（二）学段目标与内容

1. 从总体看，"学段目标与内容"分为四个学段和五个板块

纵向为四个学段：第一学段（1—2年级），第二学段（3—4年级），第三学段（5—6年级），第四学段（7—9年级）。横向每一学段都是五个板块，分别是识字与写字、阅读、作文、口语交际，以及综合性学习。

2. 从具体看，四个学段的知识点、能力点是螺旋上升的

四个学段的每一个知识点、能力点，是循序渐进地一步一步上升的。四个学段之间，既有联系又有区别。下面从1—3学段，举几个例子加以说明。

（1）*朗读课文*。

三个学段都提出"用普通话正确、流利、有感情地朗读课文"的目标，但各个学段是有区别的。低年级是"学习用普通话正确、流利、有感情地朗读课文"，中年级是"用普通话正确、流利、有感情地朗读课文"，高年级是"能用普通话正确、流利、有感情地朗读课文"。由此可知，对于朗读课文，低年级主要是学习，教师教的作用很重要；中年级主要为练习，教师精讲，学生多练；高年级是达到目标。三个学段都提出了"正确、流利、有感情地朗读课文"，但低年级的主要任务，是指导学生正确、流利、熟练地朗读课文；中年级的主要任务，是指导学生在正确、流利、熟练的基础上，基本达到有感情；高年级要不折不扣地达到正确、流利、有感情地朗读课文。对于朗读，下要保底，上不封顶。三个学段的学生都要把课文读得正确、流利、熟练，甚至滚瓜烂熟，这是下要保底。至于有感情，低年级一般不要求，少数学生能把课文读得有点情味，教师要大力表扬；中年级让学生基本达到，能达到的学生数越多越好；高年级必须人人达到，一个都不能少，哪个学生能把课文读得声情并茂，惊动四座，非常感人，老师要极力鼓励，这是上不封顶。

（2）*理解词句*。

理解词句，尤其是重点词句，是理解段篇的基础。理解词句，既是理解课文的一个重要方法，同时也是语文学习的一个重要目标。在理解课文的过程中，小学三个学段都提出理解词句的目标，但它们是有区别的。低年级，是结合上下文和生活实际了解课文词句的意思，在阅读中积累词语，借助读物中的图画阅读认知词句所表达的事物。中年级，是能联系上下文，理解词句的意思，体会课文中关键词句表情达意的作用，能借助字典、词典和生活积累，理解生词的意义。高年级是能联系上下文和生活积累，推想课文中有关词句的意思，辨别词语的感情色彩，体会表达效果。

从以上三个学段理解词句的"目标与内容"可以看出：①理解课文中的词句，尤其是重点词句，不能就词句解词句，要联系这些词句所在的语言环

境，运用恰当的方法，如联系上下文，结合生活实际，以及图画等，准确把握词句在课文中的意义。这些理解词句的方法非常重要，但目前小学生对这些方法普遍掌握得不太好，达不到课标提出的要求。②对于课文中的重点词句，低年级主要是"了解"——大致地知道；中年级为"理解"——要准确地知道；高年级为"推想"——推测、想象，这种方法比较抽象，高年级学生应该具备这种能力。③对于课文中的重点词句，中高年级的学生不仅要理解它们在课文中的意思，同时还要体会它们在表达情意上所起的作用，体会它们的表达效果。这方面，目前中高年级的教师一般没有教到，学生也缺乏这种意识，因此影响了学习语言文字运用的效果，不利于深刻把握课文的思想情感。

(3) 理解课文。

理解课文，是阅读教学的重头戏，也是学习课文的主要目标之一。学生在理解课文的过程中，既学习了语言文字的运用，丰富了词汇的积累，提高了阅读能力，同时也受到了课文思想感情的熏陶，提高了人文素养。三个学段都提出了理解课文的目标与内容，但具体来说是有区别的。

①理解课文的基本目标与内容。

低年级：没有单独提出。但我们认为，低年级理解课文的基本目标与内容，主要是理解词句，尤其是抓住课文中的重点词句，通过对重点词句意思的理解，大致理解课文的思想内容。中年级：能初步把握文章的主要内容，体会文章表达的思想感情，能对课文中不理解的地方提出疑问。高年级：在阅读中了解文章的表达顺序，体会作者的思想感情，初步领悟文章的基本表达方法。在交流和讨论中，敢于提出看法，做出自己的判断。

由上可知，理解课文的基本目标与内容，低年级主要是联系上下文理解词句的意思，进而初步读懂课文的大致意思；中年级主要是通过理解重点词句，理解段落，初步把握文章的主要内容,体会文章的思想感情；高年级提高了要求，偏重了表达——注重在篇章上，了解表达顺序，体会思想感情，领悟表达方法。

②理解不同文体课文的目标与内容。

低年级：阅读浅近的童话、寓言、故事，向往美好的情境，关心自然和生命，对感兴趣的人物和事件有自己的感受和想法，并乐于与人交流。诵读儿歌、儿童诗和浅近的古诗，展开想象，获得初步的情感体验，感受语言的优美。

中年级：能复述叙事性作品的大意，初步感受作品中生动的形象和优美的语言，关心作品人物的命运和喜怒哀乐，与他人交流自己的阅读感受。高年级：阅读叙事性作品，了解事件梗概，能简单描述自己印象最深的场景、人物、细节，说出自己的喜爱、憎恶、崇敬、向往、同情等感受。阅读诗歌，大体把握诗意，想象诗歌描述的情境，体会作品的情感。受到优秀作品的感染和激励，向往和追求美好的理想。阅读说明性文章，能抓住要点，了解文章的基本说明方法。阅读简单的非连续性文本，能从图文等组合材料中找出有价值的信息。

由上可知，理解不同文体课文的目标与内容，低年级主要阅读通俗易懂、生动有趣、朗朗上口的作品，如浅近的童话、寓言、故事，以及儿歌、儿童诗和浅近的古诗等；阅读的主要方式是朗读、诵读、背诵、想象等；阅读的主要目标是向往美好的情境，获得初步情感体验，感受语言的优美。中年级主要阅读叙事性作品和优秀诗文，有初步的文体意识；阅读的主要方式是朗读、诵读、复述、体会、感受、想象等；阅读所达到的目标是复述作品大意，感受生动形象，体会优美语言，关心人物命运。高年级阅读作品的体裁广泛得多，以叙事性作品为主，还有一定数量的诗歌、说明性文章，以及简单的非连续性文本；阅读的主要方式要因体而异，有较强的文体意识；至于阅读所达到的目标，对不同的文体也提出了不同的具体目标要求。

③理解几个概念。

a.把握文章的主要内容。要在初步理解课文内容的基础上，弄清课文可以分为几个部分，是按什么顺序写的，每一部分写了什么，整篇课文写了什么，哪一部分写得详，哪一部分写得略，明确文章的重点部分，进而把握文章所写的人、事、物、景。把握文章的主要内容，不能只是让学生把课文读一两遍，然后非常简单肤浅地用一两句话说说课文大致意思，这样对进一步深入理解、体会课文是不利的。

b.体会文章的思想感情。在学生透彻把握课文主要内容的基础上，进一步抓住文章的重点段，乃至于重点的词句、关键词句，联系上下文，联系生活实际，展开想象，体会情感。这里特别要指出的是，准确地体会课文的思想感情，不仅伴随着对语言文字表面意思的理解，而且伴随着对语言文字深层次运用方法的揣摩。只有从语言运用方法的深层次角度切入，进一步揣摩语言表达的作用，发现语言表达的妙处，领悟语言表达的言外之意，话外之音，才能真正体会课文的思想感情。目前的语文教学，许多教师忽略了从语言表达的深层次体会课文的情感，因此学生对课文情感的体会不深不透，难以产生情感共鸣。总之，理解课文的内容，体会课文的情感，必须扣住语言，贴住语言形式。离开了语言，离开了对语言形式的品味，难以体会出课文的真正感情。

c. 了解文章基本的表达顺序。上面已经提到，这里再简单说明一下：了解文章的表达顺序是理解课文的前提。了解文章表达顺序，最好是运用传统的阅读理解方法——分段、概括段意。分段和概括段意之法，现在并不过时，中高年级篇幅比较长的课文仍可利用，只要不把这种方法作为一种固定的教学模式，不是每篇课文的学习都采用这种方式，能灵活运用即可。

d. 领悟文章的基本表达方法。领悟文章基本的表达方法，一方面是为准确理解课文内容、体会课文思想感情服务；另一方面也是为从读学写、从读学说、提高学生的语言文字运用能力服务。小学阶段尤其是小学中高年级，领悟文章基本的表达方法应包括以下内容：常用标点符号的表达作用，句号、问号、感叹号、逗号、冒号、引号、顿号、分号等，要体会它们的不同用法与表达作用；词句的准确运用，遣词造句的妙处，各种修辞句式的表达作用；各种构段的方式及其作用；谋篇布局的技巧及其作用，比如开头、结尾、过渡、命题、立意、选材、组材、详略、顺序等；还有各种表现手法，比如如何写人、如何记事、如何写景、如何状物、如何说明等，以及这样记叙、描写的好处。

e. 两种文体的界定。叙事性作品，以叙事写人为主的作品，低年级如童话、寓言、故事，中高年级如大量的写人叙事散文，还有小说等；说明性文章，是向人们传达关于自然、社会和日常生活的知识，有常见的一般性说明文，还有以介绍景和物及以景、物特征为主的写景文章、状物文章等。

五、把握实施建议

课程实施建议，包括教学建议、评价建议以及教材编写建议。作为一线教师，应重点把握教学建议和评价建议。

（一）把握教学建议

教学建议又分为总体教学建议与具体教学建议。

1. **总体教学建议**

充分发挥师生双方在教学中的主动性和创造性；
在教学中努力体现语文课程的实践性与综合性；
重视情感、态度、价值观的正确导向；
重视培养学生的创新精神和实践能力。
落实好以上总体教学建议，须注意以下几点。

（1）关于充分发挥学生在教学中的主动性和创造性。

教师在教学中要以学生为学习的主体，注意激发学生的学习兴趣，培养学生自主学习意识和习惯，引导学生掌握语文学习方法，为学生创设有利于自主、合作、探究式学习的环境。应尊重学生的个性差异，鼓励学生选择适合自己的学习方式——这方面，目前教学中存在的突出问题是：一些教师在课堂上以自己的分析、讲解代替了学生的自主学习，学生失去了充分的自主学习机会。教师在课堂上，因为只注重自己的讲解和分析，所以，就不注意激发学生的语文学习兴趣，不注意培养学生自主学习的意识和习惯，不注意引导学生掌握语文学习方法。也就是说，当前的一些语文课堂，在学生主体作用的发挥上，与课标要求还相差甚远，尤其是初中语文教学，在这方面差距更大。这是我们以后必须首先注意和改进的地方。

（2）关于充分发挥教师在教学中的主动性和创造性。

教师要具有立德树人的大目标、大境界，以职业为事业，热爱读书学习，不断吸收新知识，不断提高自身素质，认真钻研教材，正确理解、把握教材，创造性地使用教材，精心设计和组织语文教学活动，重视启发式、讨论式教学，启迪学生智慧，提高语文教学质量——这方面，目前教学中存在的突出问题是：由于一些教师平时不注意读书学习，不注意提高自身素质，再加上课前没有认真备课，没有深入钻研教材，不能准确吃透教材，所以在课堂上，学生学习遇到困难的时候，比如对语言文字的品味、揣摩，对思想内涵的理解、体会，有感情地朗读课文等，教师便束手无策，不会启发、引导与指导。目前语文课堂教学中，一些教师既没有充分调动学生学习的主动性和创造性，也没有发挥好教师本人教学的主动性和创造性，师生的"双主动"和"双创造"都没有发挥好，这是教师在以后的教学中要重点改进的地方。

(3) 关于努力体现语文课程的实践性和综合性。

教师在教学中，要让学生多读书，少做题，多写作文，少写机械、重复、烦琐的作业。教学中要引导学生注意听说读写之间的有机联系，加强教学内容的整合，促进学生语文素养的整体提高。教师要引导学生沟通课堂内外，创设学生语文实践的机会，让学生在语文实践中学语文、用语文、积累词汇、提高语文素养——目前这方面存在的突出问题是：一些学校平时让学生写的作业太多，语文实践的机会太少，语文学习比较片面，不注意联系，综合性不强。要真正提高学生的语文学习能力，真正提高学生语文素养，教师一定要秉持帮助学生落实"多读书、少做题，进行综合性、实践性学习"的语文教学原则。这是语文教学的大是大非问题，教师要予以足够重视。

(4) 关于情感、态度与价值观的正确引导。

教师在语文教学中，在引导学生掌握学习方法、提高学习能力的过程中，要注意培养学生正确的思想观念，科学的思维方法，高尚的道德情操，健康的审美情趣和积极的人生态度——可以说，目前这方面存在的问题不少。教学中，由于一些教师没有引导学生准确把握课文的人文内涵和语言工具，没有引导学生在学习语言的过程中进行思维训练，进行正确的思想观念、科学的思想方法和健康的审美情趣的教育，所以，目前有不少学生的情感、态度、价值观出现了问题，需要教师特别警醒。

(5) 关于培养学生的创新精神和实践能力。

教师在语文教学中，引导学生注意词汇的积累、语言的感悟和运用，注重基本技能训练，让学生打好扎实的语文基础。教师尤其要注意激发学生的好奇心、求知欲，发展学生思维，培养学生想象力，开发学生创造潜能，提高学生发现、分析和解决问题的能力，提高学生语文综合应用能力——目前学生这方面的能力最欠缺。其主要原因是，一些教师平时没有这方面的培养意识，不自觉主动去这样做。教师平时只想着让学生多考几分，只让学生片面地关注眼前能看到的应试成绩，而忽视了对学生长远发展和终身塑造有重要作用的创新精神和实践能力的培养。实际上，一个真正关心爱护学生的教师，一个真正为学生的长远发展和终身塑造考虑的教师，是一定重视培养学生的创新精神和实践能力的。

2. 具体教学建议

具体教学建议有六个方面：识字写字教学，阅读教学，作文教学，口语交际教学，综合性学习教学，语文修辞知识教学。限于篇幅，只就前三项内容的教学建议做一简要说明。

（1）识字写字教学。

教师在教学中，要根据儿童心理特点，结合汉字字理和汉字文化知识，结合学生的生活经验，引导学生弄清汉字音形义之间的有机联系，从而让学生掌握识字方法，培养识字兴趣，进而培养学生主动识字的意识和能力，并养成识用结合的习惯。识字写字教学，要让学生多认少写，识写结合，正确、规范地写字——这方面目前教学中存在的突出问题是：一些教师缺乏汉字字理和汉字文化知识，不能引导学生从汉字的构字规律、音形义的内在联系上去把握汉字、书写汉字，学生只是机械死板地识写，体会不到识写的乐趣，降低了识字写字的效果。教师应该尽快弥补汉字的知识，丰富汉字文化，进而提高识字写字的教学水平。

（2）阅读教学。

教师应加强对学生阅读的指导、引领和点拨，但不应以教师的分析代替学生的阅读实践，不应以模式化的解读（固定的习惯性教学模式）来代替学生的体会和思考。各学段都要重视朗读和默读。有感情地朗读课文，要让学生在朗读中品味语言，体会作者的情感，学习用恰当的语气、语调朗读，表现自己对作者及作品情感态度的理解。应加强对阅读方法的指导，让学生逐步学会精读、略读和浏览。有些诗文应要求学生诵读，以利于丰富积累，增强体验，培养语感。应培养学生广泛阅读的兴趣，扩大阅读面，增加阅读量，提高阅读品位——这方面目前教学中存在的突出问题是：一些教师的阅读教学有模式化倾向，教师自己的分析、讲解过多，学生的自主阅读实践不够；学生的感情朗读课文不理想，尤其是初中学生，教师本人又缺乏感情朗读课文的能力，缺少指导学生读书的能力；一些教师在教学中不注意对学生阅读方法的指导，许多学生不会精读、略读、浏览课文，语感能力有待进一步提高；学生的课外阅读也存在不少问题，学生普遍缺乏课外读书的兴趣，不喜欢阅读有难度的书籍，欠缺正确的阅读方法。以上几个方面，都是教师在今后的阅读教学中特别要注意改进的地方。

(3) 作文教学。

一是让学生真正弄明白为什么写作？写作不是被动地为老师写，为考试写，不是为写作而写，不是简单地为完成语文作业。写作是运用语言文字进行表达和交流的重要方式，是认识世界、认识自我、创造性表述的过程。让学生知道正确的写作目的，端正写作态度，这个很重要，这是学生乐于作文、写好作文的前提。二是注意培养学生观察、思考、表达和创造的能力。学生有了观察、思考的习惯，注意留心周围世界，注意思考周围世界，才能确保学生在作文中有话可说，说出真话、实话、心里话，确保学生作文有具体内容、有真情实感。三是写作教学应抓住取材、立意、构思、起草、加工等环节，指导学生在写作实践中学会写作，重视指导学生在自我修改和相互修改中，提高写作能力。四是写作教学应与阅读教学、口语交际教学相联系，善于进行读写结合、说写结合——目前作文教学存在的问题比较多：许多学生没有正确的写作目的，缺乏正确的写作态度；许多学生平时不注意留心周围世界，不注重积累作文素材；许多学生在作文起草时，缺少对作文选材、立意、构思的功夫，作文写好后又懒得耐心修改；许多学生不注意把阅读与作文有机地结合，不会主动地从读学写，没有进行说写结合的意识。学生在写作过程中存在的问题，教师是有责任的。教师在以后的作文教学中，要根据学生以上存在的问题，调整作文教学思路，改进作文教学方法，提高作文教学效率。

(二) 把握评价建议

评价建议分为总体评价建议与具体评价建议。

1. 总体评价建议

充分发挥语文课程评价的多种功能；

恰当运用多种方式；

注重评价主体的多元与互动；

突出语文课程评价的整体性与综合性。

这四条总体评价建议有一个共同特点，那就是"多"——评价功能多种，评价方式多样，评价主体多元，评价内容全面而综合。课标的总体评价建议之所以突出一个"多"字，是针对目前评价的单一、狭窄、片面，对语文教学产生了误导，严重影响了语文教学质量的提高。把握以上四条总体评价建议，须注重以下几点。

(1) 充分发挥语文课程评价的多种功能。

语文课程评价具有检查、诊断、反馈、激励、甄别和选拔等多种功能，其目的是为了考查学生实现课程目标的程度，检查和改进学生的学习和教师的教学，改善课程设计，完善教学过程——教师应注意发挥语文课程评价的多种功能，尤其应注意发挥其诊断、反馈和激励功能，有效地促进学生发展。评价的目的，不能只是为了看学生考了多少分。考试既是为了考学生，了解其掌握的程度和存在的问题，从而引导学生改进学习；同时也是考教师，促进教师改进教学。

(2) 恰当运用多种评价方式。

形成性评价关注学习过程，有利于及时揭示问题，及时反馈、及时改进教与学的活动。终结性评价关注学习结果，有利于对教学活动作出总结性结论。形成性评价和总结性评价都是必要的。要坚持定性评价和定量评价相结合，全面反映学生语文学习的状态及水平。评价方法除了纸笔测试以外，还有平时的观察记录、问卷调查、面谈讨论等各种方法。语文学习具有重情感体验与感悟的特点，更应重视定性评价——目前教师应加强形成性评价，注意收集、积累能反映学生语文学习成绩与发展的资料，利用成长记录袋记录学生的成长过程。评价不能只重视纸笔，而轻视其他形式。教师应加强定性评价，如通过测评学生的朗读、背诵、复述、演讲、写字、阅读、作文、查阅资料、研究性学习，以及实际的语言文字运用等方式，全面考评学生的语文学习，提高学生的语文整体素质。

(3) 注重评价主体的多元与互动。

应注意将教师的评价、学生的自我评价及学生之间的评价相结合，加强学生的自我评价与相互评价，促进学生主动学习，自我反思——目前这方面存在的问题是：学校的语文教学评价是教师一人说了算，以教师为评价的主体，学生处于被评的地位，因此，评价没有发挥好学生主动学习、自我反思、自我改进、相互促进的作用。这是教师以后应该注意的地方。

(4) 突出语文课程评价的整体性和综合性。

应注意识字与写字、阅读、写作、口语交际和综合性学习五个方面的有机联系，注意知识与能力、过程与方法及情感、态度、价值观的交融整合，避免只从知识、技能方面进行评价——目前这方面存在的突出问题是：语文评价的联系性极为不够，尤其是最基本的阅读与写作的评价没有很好地联系，书面评价与口头评价没有很好地结合，这将影响语文教学的整体质量，以后的语文教学评价要注意改进。

2. 具体评价建议

(1) 识字写字的评价。

识字的评价，要考查学生认清字形、读准字音、掌握汉字基本意义的情况，以及在具体语境中运用汉字的能力，借助字典、词典等工具书检查字词的能力。第一、二学段应多关注学生主动识字的兴趣，第三、四学段要重视考查学生独立识字的能力——评价的重点即是教学的重点。识字教学，我们要注意培养学生主动识字的兴趣，培养学生独立识字的能力。

写字的评价，要求"会写"的字能写得正确、端正、整洁，在此基础上，逐步要求书写得流利。第一学段关注学生写好基本笔画、基本结构和基本字。第二、三学段要关注学生用毛笔书写。各学段都要关注学生的写字姿势和习惯，引导学生提高书写质量——当前学生的写字，从总体说不尽人意。其表现主要是书写做不到正确、端正、整洁，写字姿势不正确，良好习惯没养成。解决的主要途径是：教学上予以加强，减少学生的抄写作业量。

评价要有利于激发学生识、写兴趣，帮助学生养成写规范字的习惯，减少错别字——识字、写字教学的重点是：激发兴趣，培养习惯，书写规范，减少错误。

(2) 阅读的评价。

精读的评价，重点考查学生对阅读材料的综合理解能力，要重视评价学生的情感体验和创造性理解。第一学段侧重考查对文章内容的初步感知和对文章重点词句的理解、积累；第二学段侧重考查通过重点词句理解文章，体会其表情达意的作用，以及对文章大意的把握；第三学段侧重考查对文章表达顺序和基本表达方法的了解领悟——小学三个学段的评价重点非常明确，同时也提醒了我们，这就是精读教学的重点内容。

略读的评价，重点考查学生能否把握材料的大意。浏览的评价，重点考查学生能否从阅读材料中捕捉有用信息——这两项评价，重点考查学生略读与浏览的能力，即从精读教学中学到阅读方法的实践与运用能力。这同时也提醒了我们略读、浏览教学的重点内容。

朗读的评价，主要指标是正确、流利、有感情地朗读课文，各学段的要求可以有所侧重。一个学生是否有感情地朗读课文，可以看出他对课文内容的理解与把握，朗读时，防止矫情做作——教学中评价学生的朗读，要关注学生对朗读四大技巧（停顿、重音、节奏、语调）的灵活运用情况。目前评价学生的朗读，许多学校还没有真正进行，有的学校虽然进行了，但想起来只热一阵子，评价的内容与方式也是极为简单、粗略的，对四大技巧极少顾及，距课标要求相差甚远。

课外阅读的评价，应根据各学段的要求，重点考查其阅读的兴趣、习惯、品位、方法和能力，考查学生的阅读量和阅读面——目前这项工作，做得也很不够。评价的滞后，直接影响了学生的课外阅读质量。

（3）写作的评价。

第一学段，主要评价学生的写话兴趣；第二学段，要鼓励学生大胆习作；第三、四学段，要通过多种评价，促进学生具体明确、文从字顺地表达自己的见闻、体验和想法——几个学段的评价重点十分明确，教师的教要着眼于评，抓住重点，确保质量。

写作的评价，要重视学生的写作兴趣和习惯，鼓励表达真情实感，鼓励有创意的表达，引导学生热爱生活，亲近自然，关注社会——这几项指标特别重要。评价指向哪里，我们教师就会教向哪里，学生也会写向哪里。可以说，目前的作文教学，对上面这几个方面的评价，关注得极为不够，以后要予以加强。

写作材料准备过程的评价，不仅要考查学生占有材料的丰富性、真实性，也要考查他们获取材料的方法。要引导学生通过观察、调查、访谈、阅读等途径，运用多种方法搜集材料——目前对写作材料准备过程的评价，做得也很不够，许多学校基本上不去管这一块，只向学生要作文，要结果。事实证明，轻视了对写作材料准备过程的评价，会严重影响学生的写作质量，甚至会导致学生说假话、说空话，导致学生胡编乱造。

对学生作文修改的评价，要考查学生对作文内容、文字表达的修改，也要关注学生作文修改的态度、过程和方法——目前对学生作文修改的评价，也是薄弱环节，许多教师不重视评价学生的作文修改，更不注意评价学生的作文修改态度，这严重影响了学生写作能力的提高。

第二节　研读教材

这里所说的"教材"，就是通常所说的课文。研读教材，就是研读课文。教师读课文，是为学生读课文服务的，是为提高学生阅读理解课文的能力服务的。那么，怎样才能让教师的"读"更好地服务于学生的"读"呢？

一、三种角色

（一）一般读者的角色

一般读者读一篇文章，其方式主要是"看"文章，其目的主要是了解文章向我们讲了什么，知道文章为我们提供了哪些重要的信息。

（二）研究者的角色

以研究者的身份读一篇文章，其目的是弄清文章"写了什么""怎么写的""为什么这样写"。"写了什么"，是把握文章的主要内容；"怎么写的"，是揣摩文章的表达方法；"为什么这样写"，也就是这样写的作用，这样写的好处，是体会作者遣词造句、谋篇布局的意图，进而体会作者的思想感情。以研究者的身份解读一篇文章，主要是研究上述三大要素：内容、表达、思想。可以说，以研究者的身份解读一篇文章，其主要目的是为了弄清文章的思想，把握文章的实质。而要弄清文章的思想，把握文章的实质，必须扣住语言，穿透语言形式。只有从语言运用的方法、技巧、作用的角度切入，才能真正把握文章的实质，体会文章的情感，因为形式是为内容服务的。

（三）教师的角色

以研究者的角色解读一篇文章，方能把文章研究透，才能知其真谛，获得丰富而深刻的研究成果。但是，课堂上我们不能把从文章中获得的所有研究成果，全部一股脑儿教给学生，让学生通通接受，这是不切合学生实际需要的。因此，我们还应该以教师的身份解读课文。以教师的身份解读课文，就是教师根据学生的实际需要，判断学生读这篇文章，哪儿不喜欢，哪儿读不懂，哪儿把握不透，尤其是文章的语言表达方式、语言表达的意图，以及文章的思想感情和对文章的感情朗读等。歌德曾说："内容人人看得见，含义只有有心人得之，形式对于大多数人是一个秘密。"文章的语言表达形式，文章的含义，应该是学生学习课文的难点，也是教师教学的重点。以教师的身份解读课文，就是教师根据学生的实际，准确地选择教学方法，让学生不喜欢的地方喜欢，读不懂的地方能够读懂，把握不透的地方能把握透，该积累的语言要素积累下来，该运用的语言文字学习运用，该感情朗读的课文要感情朗读。学生是不是真正把握了文章语言运用的形式，弄清了文章遣词造句、布局谋篇的意图，最终主要看学生能否把课文语言学以致用，进而提高语言文字的运用能力；学生是不是真正把握了课文的实质，真正体会了文章的思想感情，最终主要看学生是不是能把课文有感情地、声情并茂地朗读下来。

以上三种解读角色，是教师解读一篇课文所必须经历的三个阶段。这三个阶段，缺一不可，缺二更不行。一般读者的角色，把文章解读得比较肤浅，谈不上教学生；研究者的角色，把文章由表及里解读得比较丰富，比较全面，也比较深刻，但不能把解读出的东西全部教给学生；教师的角色在研究者角色解读的基础上，根据学情，恰当选择，合理地教给学生，学生也能接受，进而也提高了学生解读文章的能力。

当前，教师解读课文存在着三种不良的现象。

第一种，只以一般读者的角色解读课文。一些工作马虎的教师，把自己混同于社会上一般的读者，粗枝大叶地读读课文，大致了解课文内容，便带着《教师教学用书》走上讲台，照本宣科地给学生讲课。这样的讲课，学生当然不乐意。

第二种，只以研究者的角色解读课文。有些上公开课的教师，课前阅读了大量的与课文有关的资料，对教材进行了过度的解读，挖掘出了连作者都没有意识到的文章内涵。教学时，教者忽视了学生的接受能力，对教材发挥过多，扯得太远，云里雾里，以显示自己的才华，表现教学的另类，但实际效果并不好。

第三种，以教师惯常的模式解读课文。一些思维比较守旧的教师，解读课文时一上来就以教师过去习惯的、常用的模式，在对教材还没有读懂读透的基础上，便草率地立目标，定重点，写教案。这些自以为经验丰富的教师，既没有真正把握课文中真正有什么，又没有弄明白学生学习这篇课文真正需要什么、应该学得什么，而是以自己过去固定僵化的教学老套路、旧模式、死方法去解读施教。这些教师，往往不论什么文体的课文，不论哪班的学生，教学目标与内容都大致相同，教学思路都基本一致，教学设计也大同小异。听这些教师的课，听过上一环节，便能猜到下一环节干什么。这样机械、程式化的语文课，学生当然也厌烦。

二、三个课例

下面举三个课例，来说明三种角色解读课文的具体运用。

（一）低年级课文《坐井观天》

青蛙坐在井里。小鸟飞来，落在井沿上。

青蛙问小鸟："你从哪儿来呀？"

小鸟回答说："我从天上来，飞了一百多里，口渴了，下来找点水喝。"

青蛙说："朋友，别说大话了！天不过井口那么大，还用飞那么远吗？"

小鸟说："你弄错了。天无边无际，大得很哪！"

青蛙笑了，说："朋友，我天天坐在井里，一抬头就看见天。我不会弄错的。"

小鸟也笑了，说："朋友，你是弄错了。不信，你跳出井口来看一看吧。"

1. 以一般读者的角色解读

青蛙坐在井里，抬头看见天，觉得天不过井口那么大。所以，他不相信井沿上小鸟说的"天无边无际，大得很"。这只井里的青蛙真有意思！

2. 以研究者的角色解读

这是一则寓言故事。

这则寓言故事写了什么——文章通过井内之蛙与井外小鸟对话的描写，说明：一个人视野的大小，决定他所看到世界的大小。也就是我们平常所说的：站得高，才能看得远；眼界阔，才能看得全。

这篇文章怎么写的——这则寓言故事，通过对青蛙和小鸟两个人物对话的描写，表现了青蛙这个人物形象。两个拟人化的小动物，就像两个小朋友，他们的对话语言，天真、生动、有趣，非常有意思。

为什么这样写——这则短小、生动、有趣的故事，包含着深刻的如何观察世界、认识世界的大道理。为了让小学生喜欢读这则故事，并能从中受到教育，所以，故事采用拟人化的手法，运用生动活泼的语言，表现鲜明的、有趣的形象。学生在轻松愉快的阅读中，既欣赏了生动的故事，感受了青蛙这个有趣可笑的人物，又不知不觉地感悟出故事蕴含的大道理。

3. 以教师的角色解读

从教师的角度看，低年级的小学生，读这个生动活泼、有意思的故事，哪个地方不喜欢，哪个地方读不懂，哪个地方读不好呢？

（1）这篇短小、有趣的寓言故事，语言美，故事美，人物有意思，学生不会有不喜欢的地方。

（2）如果说有难点，那就是让学生感悟这个故事蕴含的道理——站得高，才能看得全；看得全，才能知得多。我们要经常走出狭小的教室，走出封闭的学校，走向广阔的生活，了解外边的世界。我们站得高了，看得远了，眼界阔了，才能真正认识这个五彩斑斓、万紫千红的世界。

如何让低年级的小朋友明白这个比较抽象的认识世界的大道理呢？首先，让学生多读，多种形式地读，如教师范读、学生自由读、学生分角色读。直至这个短小的寓言故事读得正确、流畅、熟练，甚至背诵，并让学生想一想故事蕴含的道理。书读百遍，其义自见。在学生多读、多思的过程中，教师还要根据学情，进行适当的启发、引导：小青蛙为什么把天看得只有井口那么大？小鸟为什么说天大得很？你是喜欢小青蛙，还是喜欢小鸟，为什么？我们小学生要想更多地了解外面的世界，该怎么办呢？其次，还可带着学生站在高差悬殊的不同立足点，看周围环境景物有何差异，以助于理解课文。

（3）如果有读不好的地方，那就是分角色朗读课文——学生朗读时往往表达不出角色的心情，读不出人物语言的生动、形象，读谁不像谁。怎么办呢？首先，教师要引导学生弄明白寓言故事中两个人物的心理特征：青蛙，坐在井里，眼界狭窄，目光短浅，而且他还不知道自己的短视无知。这样的人，很有意思，也很可怜。因此，我们要通过朗读，表现出青蛙的幼稚、无知、骄傲、糊涂。小鸟，站在井沿，眼界开阔，见广识多，在与青蛙的对话中，表现出对朋友的关心、热心、耐心与诚心。其次，教师要提示学生：在明白他们二人不同心理的基础上，要设身处地，读谁的话就进入谁的角色。读青蛙说的话，我就是青蛙；读小鸟说的话，我就是小鸟了。

（4）要把寓言教成"寓言"。面对低年级的小朋友，这则寓言故事的教学，要注意以下几点：一是把握故事内容。初读故事，理清情节，明了人物，把握内容，生动有趣地讲故事。二是体会人物形象。本则故事，扣住人物语言，感受人物心理，体会人物形象，思考寓言含义。三是轻松、幽默、风趣地朗读。

（二）中年级课文《小木偶的故事》

老木匠做了个小木偶。

小木偶有鼻子有眼，能走路，会说话。

老木匠左瞧右瞧，总觉得小木偶脸上还少了点什么。少了点什么呢？老木匠怎么也想不起来。

"你知道吗？"老木匠问小木偶。

"不知道。"小木偶板着脸回答。

老木匠一下子想起来了，小木偶脸上少的东西是笑！

"笑是很重要的。"老木匠对自己说，"谁要是不会笑，谁就没办法过快乐的日子！"

老木匠拿起他的神奇雕刻刀，在小木偶的脸上添了一个笑嘻嘻的表情。

"现在好了。"老木匠为小木偶收拾了一个红背包，把他送出了家门。

"走吧，外面的世界大着呢！"老木匠对小木偶说。

热闹的大街上，小木偶兴冲冲地大步向前走。

一只小红狐跑过来，很亲热地说："嗨[hēi]！小木偶！你的红背包真漂亮，让我背一下好吗？就背一下。我想看看这种红和我的毛色是不是相配。"

"好的。"小木偶说。

小红狐一背上背包就拼命地逃跑。小木偶愣住了。等他反应过来，小红狐已经跑出去好远了。

小木偶有两条长长的、灵活的木头腿。他很快就追上了小红狐，拽 [zhuài] 住了小红狐毛茸 [róng] 茸的大尾巴。

"放开！放开！"小红狐拼命挣扎。

"吵什么！"一只穿警服的熊过来把他们分开。

"报告警官，他抢我的包！"小红狐撒谎一点儿都不脸红。

"那是我的，我的，我的！"小木偶尖叫。

穿警服的熊看看小红狐，小红狐满脸的愤怒；再看看小木偶，小木偶一副 [fù] 笑嘻嘻的表情。

穿警服的熊拎起小木偶，把他扔出去好远。

小木偶委屈极了！可是有什么办法呢？老木匠只给了他一种表情，那就是笑！

小木偶突然觉得脑袋很疼，只好抱着脑袋蹲下来。

一只小兔子走过来，温柔地问："你怎么啦？"

"脑袋疼。"小木偶抬起头，笑嘻嘻地回答。

"嘻嘻。装得一点儿都不像！你瞧，应该像我这样。"小兔子龇 [zī] 牙咧 [liě] 嘴地做了个痛苦的表情，蹦蹦跳跳地走开了。

一个老婆婆走过来："小木头人，你病了吗？"

"脑袋很疼。"小木偶还是一副笑嘻嘻的表情。

"真不像话，连小木头人都学着撒谎！"老婆婆嘟 [dū] 嘟囔 [nāng] 囔地走开了。

小木偶的头疼得越来越厉害了。现在，他真希望自己还是一段没有脑袋的木头！

蓝鼻子小女巫 [wū] 就在这时候赶来了。她能用鼻子闻出空气中的伤心味儿。

"你头疼，是吗？"小女巫问。

"是，而且越来越疼了。"小木偶可怜 [lián] 巴巴地说。

"那是因为你很伤心，却不会哭。"

小女巫用她的魔 [mó] 杖 [zhàng] 在小木偶的脑袋上点了一下。

"哇——"小木偶放声大哭起来。

慢慢地，小木偶不再伤心了，脑袋也不疼了。

"小木偶，我把人类所有的表情都送给你。"小女巫说完，又用魔杖在小木偶的脑袋上点了几下。

现在，小木偶会哭，会笑，会生气，会着急，也会向别人表示同情和关心了。

老木匠说得没错，笑是很重要的。不过，要是只会笑，那可是远远不够的。

1. 以一般读者的角色解读

老木匠做了一个小木偶，只会笑。由于他只会笑，受了不少气，吃了不少亏。后来，小女巫知道小木偶的遭遇之后，用她的魔杖在小木偶的脑袋上点了几下，这样，小木偶不只会笑，还会哭，会生气，会着急，也会向别人表示同情和关心了。所以，虽然老木匠说得没错，"笑是很重要的"，但课文最后的结论是如果只会笑，那可是远远不够的。

2. 以研究者的角色解读

这是一篇童话故事。

（1）这篇童话故事写了什么？

这篇童话故事向我们讲了小木偶的遭遇，让我们在同情小木偶的同时，也反省自己，要学会用多种表情表达对生活的态度，这样我们才会得到别人的信任、理解与尊重。为了让我们有多种表情表达对生活的态度，我们必须热爱生活，对生活保持高度的敏感，丰富自己的情感，正确表现自己的情绪，享受生活的快乐。在生活中，在与人们的交往中，我们心中的酸甜苦辣表达出去了，得到别人理解了，乃至于同情了，这样才能与别人和谐相处，我们才能从生活中获得真正的恬适与自由。

这个童话故事在启迪学生心灵健康成长的同时，也启迪我们成年人对孩子的心灵成长要有更多的关注。这篇童话故事的作者吕丽娜在《〈小木偶的故事〉创作随想》一文中指出："记不清从什么时候开始，我们越来越多地关心我们的孩子掌握了多少知识，获得了多少技巧和能力。我们为孩子的英语水平操心，为奥数水平操心，为钢琴水平操心，为舞蹈水平操心……然而即使孩子这些所有的方面都出类拔萃，他们会得到幸福吗？幸福是一种心灵状态。性格的和谐，灵魂的高贵，头脑的明智，真诚、爱心、勇敢、自信，这一切才真正和幸福的人生密切相关。而在一切之中,最重要的是一颗充满爱的心。爱的能力并不是与生俱来的。爱的种子需要在合适的土壤中,经过小心浇灌,才会破土而出并且茁壮成长。……在现实的世界里,蓝鼻子小女巫的魔杖其实就掌握在我们的家长和老师手中。孩子的可塑性毋庸置疑,如果我们教他们去爱,他们也学会了爱。我们要教他们爱周围的一草一木,爱动物,爱父母,爱邻居,爱一切弱小和不幸的人。只有保持心灵的敏感和柔软,才能留住真正幸福的童年。"

(2) 这篇童话故事是怎么写的?

这篇童话故事在向我们叙述小木偶一路所遇到诸多挫折的过程中,运用了幻想,而且幻想程度还很大,这也是童话故事有别于寓言故事的最主要特点。小木偶的脸上带着笑嘻嘻的表情,走出了家门,一路上,遇到小红狐的抢包,穿警服熊的抛扔,小兔子的误解,老婆婆的冷落,最后才得到蓝鼻子小女巫的救助,这一切都是作者借助幻想、想象的手法表现出来的。

(3) 这篇童话故事为什么这样写?

幻想、想象、夸张的表达方法,既服务于童话故事情节发展本身的需要,同时也很符合孩子们阅读童话的心理。因为儿童喜于幻想、长于幻想,同时也喜欢阅读那些用幻想、夸张写成的文字,如童话、寓言等。

3. 以教师的角色解读

(1) 学生不喜欢的地方,让学生喜欢。

学生喜欢读童话故事,更喜欢读那些幻想离奇的童话故事,本篇《小木偶的故事》正是这样,正符合孩子们的阅读心理。所以,孩子们是喜欢阅读这篇童话故事的。

(2) 学生读不懂的地方,让学生读懂。

要说有读不懂的地方,可能是课文的最后一段:"老木匠说得没错,笑是很重要的。不过,要是只会笑,那可是远远不够的。"为什么说是远远不够的?可以引导学生联系课文小木偶接二连三的遭遇,也可以引导学生联系生活,联系自己的经历等,去体会,去思考,去回答。我们面对七彩的生活,面对各色各样的人,总是一种表情,要么总是笑,要么总是哭,要么总是生气,要么总是伤心,能行吗?别人不说我们傻吗?只有用不同的表情表达我们对待生活的不同感受，我们才会快乐，别人也才会理解。更重要的是，我们要有一颗同情心，善良的爱心。我们要爱周围的一切，包括人、动物、植物等。当别人（包括动物、植物）遭遇不幸时，我们不能熟视无睹、冷若冰霜，要表现出同情、关爱的表情，并予以帮助。

(3) 学生读不好的地方，让学生读好。

学习这篇童话，学生哪个地方可能读不好呢——把握童话的幻想特点，读好故事，发展幻想力、想象力。

童话的主要特点是幻想，本篇正是提高、发展学生幻想力、想象力的极好教材。那么，如何借助文本训练学生的幻想能力、想象能力呢？①让学生在反复朗读的过程中，从人物、情节、环境等叙事文学要素上揣摩这篇文章的幻想程度及其作用。②引导学生复述这个故事，进一步感受文章的幻想力。③引导学生学习本课的幻想方法，对课文进行续写，发展幻想力。④组织学生表演这个故事，进一步内化文章的幻想力——以上四个方面的教学，有朗读，有复述，有续写，有表演，这样，就能围绕童话的主要特点，把童话教成了童话，把这一篇童话教成了这一篇童话。

(三) 高年级课文《最后一头战象》

西双版纳曾经有过威风凛 [lǐn] 凛的象兵。所谓象兵，就是骑着大象作战的士兵。士兵骑象杀敌，战象用长鼻劈敌，用象蹄踩敌，一大群战象，排山倒海般地扑向敌人，势不可当。

1943 年，象兵在西双版纳打洛江畔和日寇打了一仗。战斗结束后，鬼子扔下了七十多具尸体，我方八十多头战象全部中弹倒地。人们在打洛江边挖了一个巨坑，隆重埋葬阵亡的战象。

在搬运战象的尸体时，人们发现一头浑身是血的公象还在喘息，就把它运回寨子，治好伤养了起来。村民们从不叫它搬运东西，它整天优哉 [zāi] 游哉地在寨子里闲逛，到东家要串香蕉，到西家喝筒泉水。

它叫嘎 [gǎ] 羧 [suō]，负责饲养它的是波农丁。

二十多年过去，嘎羧五十多岁了。它显得很衰老，整天卧在树荫下打瞌 [kē] 睡。有一天，嘎羧躺在地上拒绝进食，要揪住它的鼻子摇晃好一阵，它才会艰难地睁开眼睛，朝你看一眼。波农丁对我说："太阳要落山了，火塘要熄灭了，嘎羧要走黄泉路啦。"

第二天早晨，嘎羧突然十分亢[kàng]奋，两只眼睛烧得通红，见到波农丁，口欧[ōu]口欧地轻吼着，象蹄急促地踏着地面，鼻尖指向堆放杂物的阁楼，像是想得到阁楼上的什么东西。

阁楼上有半箩谷种和两串玉米。我以为它精神好转想吃东西了，就把两串玉米扔下去。嘎羧用鼻尖钩住，像丢垃[lā]圾[jī]似的甩出象房，继续焦躁不安地仰头吼叫。破篾[miè]席里面有一件类似马鞍的东西，我漫不经心地一脚把它踢下楼去。没想到，嘎羧见了，一下子安静下来，用鼻子呼呼吹去上面的灰尘，鼻尖久久地在上面摩挲[suō]着，眼睛里泪光闪闪，像是见到久别重逢的老朋友。

"哦，原来它是要自己的象鞍啊。"波农丁恍然大悟，"这就是它当年披挂的鞍子，给它治伤时，我把象鞍从它身上解下来扔到小阁楼上了。唉，整整二十六年了，它还记得那么牢。"

象鞍上留着弹洞，似乎还有斑斑血迹，混合着一股皮革、硝烟、战尘和血液的奇特气味；象鞍的中央有一个莲花状的座垫，四周镶着一圈银铃，还缀着杏黄色的流苏。二十六个春秋过去，象鞍已经破旧了，仍显出凝重华贵；嘎羧披挂上象鞍，平添了一股英武豪迈的气概。

波农丁皱着眉头，伤感地说："它要离开我们去象冢[zhǒng]了。"

大象是一种很有灵性的动物，每群象都有一个象冢，除了横遭不幸暴毙[bì]荒野的，它们都能准确地预感到自己的死期，在死神降临前的半个月左右，会独自走到遥远而又神秘的象冢里去。

嘎羧要走的消息长了翅膀似的传遍全寨，男女老少都来为嘎羧送行。许多人泣不成声。村长在嘎羧脖子上系了一条洁白的纱巾，四条象腿上绑了四块黑布。老人和孩子捧着香蕉、甘蔗[zhè]和糯[nuò]米粑[bā]粑，送到嘎羧嘴边，它什么也没吃，只喝了一点水，绕着寨子走了三圈。

日落西山，天色苍茫，在一片唏[xī]嘘[xū]声中，嘎羧开始上路。

我和波农丁悄悄地跟在嘎羧后面，想看个究竟。嘎羧走了整整一夜，天亮时，来到打洛江畔。它站在江滩的卵石上，久久凝望着清波荡漾的江面。然后，它踩着哗哗流淌的江水，走到一块龟形礁[jiāo]石上亲了又亲，许久，又昂起头来，向着天边那轮火红的朝阳，口欧——口欧——发出震耳欲聋的吼叫。这时，它身体膨[péng]胀起来，四条腿皮肤紧绷绷地发亮，一双眼睛炯[jǒng]炯有神，吼声激越悲壮，惊得江里的鱼儿扑喇喇跳出水面。

"我想起来了，二十六年前，我们就是在这里把嘎羧抬上岸的。"波农丁说。

原来嘎羧是要回到当年曾经浴血搏杀的战场！

太阳升到了槟[bīng]榔[láng]树梢，嘎羧离开了打洛江，钻进一条草木茂盛的箐[qìng]沟。在一块平缓的向阳的小山坡上，它突然停了下来。

"哦，这里就是埋葬八十多头战象的地方，我记得很清楚，喏[nuò]，那儿还有一块碑。"波农丁悄悄地说。

我顺着他手指的方向望去，荒草丛中，果然竖着一块石碑，镌刻着三个金箔[bó]剥落、字迹有点模糊的大字：百象冢。

嘎羧来到石碑前，选了一块平坦的草地，一对象牙就像两把铁镐[gǎo]，在地上挖掘起来。它已经好几天没吃东西了，又经过长途跋涉，体力不济，挖一阵就喘息一阵。嘎羧从早晨一直挖到下午，终于挖出了一个椭[tuǒ]圆形的浅坑。它滑下坑去，在坑里继续挖，用鼻子卷着土块抛出坑；我们躲在远处，看着它的身体一寸一寸地往下沉。

太阳落山了，月亮升起来了，它仍在埋头挖着。半夜，嘎羧的脊背从坑沿沉下去不见了，象牙掘土的咚咚声越来越稀，长鼻抛土的节奏也越来越慢。鸡叫头遍时，终于，一切都平静下来，什么声音也没有了。

我和波农丁耐心地等到东方吐白，走到坑边查看。土坑约有三米深，嘎羧卧在坑底，侧着脸，鼻子盘在腿弯，一只眼睛睁得老大，凝望着天空。

它死了。它没有到祖宗留下的象冢。它和曾经并肩战斗的同伴们躺在了一起。

1. 以一般读者的角色解读

这篇文章写得很感人，这最后一头战象非常令人敬佩。它在垂暮之年，在将要离开这个世界的时候，没有到祖宗留下的象冢，而是和曾经并肩战斗的同伴们躺在了一起。作者说："大象是一种很有灵性的动物。"从作者所写的内容来看，这最后一头战象，确实很有灵性，具有人性。它年轻时，为国家，洒热血；临终前，重情义，念战友。它活有所值，死有荣光。

2. 以研究者的角色解读

从一般读者的角色，我们读出了大象是一种很有灵性的动物，它生而为义，死而殉情，令人感动。在这个基础之上，作为研究者，我们又能读出什么呢？

从思想内容来看，从这最后一头战象的身上，我们读出了战象灵魂的崇高，读出了一种伟大的力量所在。《最后一头战象》所赞颂的就是爱国主义的崇高情感。这头战象，它活得崇高："士兵骑象杀敌，战象用长鼻劈敌，用象蹄踩敌，一大群战象，排山倒海般地扑向敌人，势不可当"；它死得崇高："它死了。它没有到祖宗留下的象冢。它和曾经并肩战斗的同伴们躺在了一起"。活着为国而战，死了依偎同伴。这不是一种崇高精神的体现吗？

从这头战象，我们联想到了人。作者沈石溪在《最后一头战象》的创作体会中，讲了被编者选编教材时删去的一个耐人寻味的情节：一头老象垂暮之年得到死亡的预感，动身前往神秘的象冢安葬自己，两个猎人悄悄尾随其后，想盗取象冢里珍贵的象牙。来到"百象冢"，上百根珍贵的象牙摆在他们面前，他们的发财梦眼看就要实现了，然而，他们最终却放弃了这笔唾手可得的巨大财富，两手空空地离开了象冢。是什么挫败了他们的发财梦？是什么抑制了他们的贪婪？是什么改变了他们的无耻？因为葬在象冢里的，是一群在抗日战争中奋勇杀敌、为国捐躯的战象！对于一个人，一个天良还没有完全丧失的人来说，你可以不择手段钻头觅缝去追逐利益，但却很难昧着良心去藐视崇高，亵渎崇高。处在市场经济高速发展时代的人们，生活上富裕了，物质上文明了，但精神同样也应该文明，让市场经济所带来的唯利是图、尔虞我诈、信仰缺失、道德滑坡、精神疲乏等一系列富裕病得到彻底医治！

从表达形式看，这是一篇动物小说。小说就是讲故事，本文讲的就是最后一头战象感人的故事。小说是有情节的，从情节来看，本文有四个片段——英雄垂暮、重披战甲、凭吊战场、庄严归去；小说主要是表现人物的，本文通过人物动作、神态的刻画，来表现最后一头战象精神的崇高、灵魂的伟大，进而表达作者的爱国主义思想情感，发挥出小说文学对人们心灵的感染和荡涤作用。

总之，作为研究者角色的解读，我们读出了作品的深刻内涵，读出了作品的艺术表达，同时也读出了思想内容与表达形式的高度统一。本篇小说通过波澜起伏的故事情节，刻画人物的复杂心理，表达人物的丰富情感，塑造人物的高大形象，而动物小说更是小学生喜欢阅读的。因此，本文的表达形式很好地服务于思想内容，是对学生进行爱国主义教育的极好教材。

3. 以教师的角色解读

在有了一般读者角色阅读和研究者角色阅读成果的基础上，作为教师角色，我们从学生学习的实际需要出发，从教学的实际需要出发，又能读出什么呢？

（1）学生不喜欢的，让学生喜欢。

本文是一篇动物小说，动物小说将故事性、趣味性、知识性融为一体，充满哲理内涵，风格独特，深受读者喜爱，六年级的学生也一定喜欢阅读。教学过程中，教师如果能让学生讲讲这个故事，并把故事读得声情并茂，感情发挥得淋漓尽致，在学生把握了故事内容及思想情感、受到震撼之后，一定会更加喜欢这个故事。

（2）学生读不懂的，让学生读懂。

让学生准确把握故事内容，深入领会故事情感，必须引导学生通过分段的方法，让学生弄清楚文章情节发展的四个片段，以及四个情节片段之间的有机联系；让学生真正体会最后一头战象精神的高贵、灵魂的伟大，必须让学生扣住语言，扣住描写这头战象的行动和神态的语言，贴住语言，边读边想，放飞想象；让学生还要从书内走到书外，由象想到人，想到生活中的人从这头战象身上能悟出什么，能学到什么。由象及人，联想开去，思想上受到一次爱国主义教育。

（3）学生读不好的，要让学生读好。

一是借用文本培养六年级学生初步的文字欣赏能力，为中学的语文学习打基础。教师要把小说教成小说，引导学生多从小说的特点方面解读课文——学生初步朗读了课文，把握了课文主要情节和大致内容之后，可引导学生用讨论的方法组织教学：课文带给你的整体感受是怎样的？作家用了什么方法让我们感受到战象的壮烈？课文带给你什么样的感动？作者通过这个故事想表达什么？二是指导学生有感情地朗读课文——在理解内容、体会情感基础上，让学生走进战象的内心，感受它的崇高，然后指导学生把课文读得有感情，读得情深意切，感动四座。三是学生讲这个故事也是一个难点——突破这个难点的办法是：划分段落，理清情节，弄清顺序，抓住要点，组织语言，生动形象地讲，引人入胜地述。

三、三点注意

教师经历三种角色解读教材，才能真正吃透教材，准确、全面、深入地把握教材，让教材的思想内容、语言形式了然于胸；教师赏析了三个教材解读的课例，才能看清小学低、中、高三个学段教材解读的"度"，从这些课例中明白不同学段解读教材的不同要求，以及不同文体解读教材的不同要求。从以上三种角色、三个课例我们可以看出，教师备课时解读教材，主要任务是解读教材的语言，把握教材语言运用的方法、技巧、意图。教师在备课时把握了语言文字的运用，上课时才能教学生。教师备课时主要备了课文的语言，上课时主要教了课文的语言，这才是语文教学的正道。运用三种角色解读教材，学习三个课例的解读方法，还应注意以下三点。

（一）教材解读，以读为主

一是轻声慢读。边读边画出生字、新词及含义深刻的句子，读准字音，理解生字新词，联系上下文弄清关键词语、重点词语的意思，抓住课文的重点、难点。

二是大声朗读。朗读课文，做到正确、流利、有感情。一般要朗读四五遍，乃至于七八遍，一直读到"其意皆出吾心""其言皆出吾口"。朗读是钻研教材、语文备课的最重要一环。教师把课文朗读好了，把课文读活了，课堂上才能让学生把课文朗读好，才能让学生把课文读活，让课堂活跃。

三是无声默读。默读思考，是正确领会作者遣词造句、谋篇布局的意图，这是最需要功力的。教材中的课文文质兼美，作者的语言运用都是经过反复推敲、锤炼的。所以，教师在出声朗读课文、体会情感之后，还要细心默读课文，揣摩表达，体会语言文字运用之妙，把握课文人文性与工具性的有机统一，以便在课堂上引导学生去感悟、去学习、去运用，去体会它们的统一。备课时，教师对语言有感悟、有发现，上课时教师才有可能引导学生去感悟、去发现。

（二）教材解读，以"做"为辅

一是读书思考的过程当中，需要查阅资料的要查阅资料，帮助理解字词句，理解课文内容。需要查阅的资料，有字典、词典等工具书，以及历史方面、地理方面、天文方面等百科知识。二是"做"课后思考练习题。要求学生背诵的课文，教师要先背下来；要求学生正确、流利、有感情地朗读课文，教师要先达到；要求学生回答的问题，教师先想一想，答一答；要求学生写的字词，教师要先写一写，获得写字的体会与经验；要求学生造的句子，教师先造一造。

（三）教材解读，以思为轴

为轴，即为轴线。教师解读的每一个环节，都少不了思考。认读生字，理解词句，把握内容，体会情感，揣摩写法，查阅资料，以及选择教法等，每一步都少不了教师积极主动的思考。思考，是教材解读的总开关。所以，语文教师要做一个主动思考、勤于思考、独立思考、深入思考、创新思考的人。

读了又读，做了还做，思了再思，你便会取得教材解读的成功！

第三节　研读学生

我们的语文教学，教的是学生，为的是学生。为了让我们的教学更适合于学生语文学习的实际，也为了让我们的教学目标在学生身上更好地实现，我们必须看重学生，走进学生，研究学生，读懂学生。医生看病，要和病人做朋友，读懂病人；工人做工，要和机器做朋友，读懂机器；农民种地，要和土地做朋友，读懂土地。而我们教师教书育人，当然也要和我们的教育对象学生做朋友，读懂学生。和学生做朋友，读懂学生，是我们做教师的一项非常重要的育人基本功。作为教师，谁真正读懂了学生，谁就掌握了教育教学的主动权，谁就能教好学生。

一、读懂学生，就能改变学生

人们常说，兴趣是最好的老师。对于懵懂无知的小学生来说，他们之所以喜欢上学，积极读书，往往不是因为他们有什么远大的理想、宏伟的志向，而是兴趣使然。从总体来说，当前学生对语文学习的兴趣是不高的。我常听老师们讲，现在的学校里，有越来越多的学生不喜欢上学，不愿意刻苦学习。有的一年级小朋友，刚一入学时高高兴兴，可是上学一两个月，就不想上了。许多小学生在语文学习上，非常地被动，甚至厌烦。有的不喜欢朗读课文，一篇新课文，只是读一两遍，图个新鲜，就不想再读下去了。有的小朋友不喜欢写作业，写作业马马虎虎，甚至让别人替写作业。有的小朋友读课外书时，不喜欢读那些有点难读的经典名著。有些小朋友怕写作文，写作文时要么抄袭，要么胡编乱造，说假话，说空话。许多小学生不热爱读书学习，只想着摆弄手机，玩游戏，看电视。这让老师们感到非常的无奈。对于缺乏理性的小学生来说，他们不想上学，不爱读书学习，不是因为"读书无用"，而是因为"读书无趣"。

小学生不好好上学，不热爱学习，不刻苦读书，觉得上学无趣，读书无趣，这不能不引起我们每一位教师的警醒！不能不引起我们每一位教师的反思！作为语文教师，我们每人也都要反思自己的课堂，反思自己的学生。我的学生喜欢上我的语文课吗？我的学生喜欢我这个语文教师吗？我的学生喜欢朗读课文吗？我的学生都能把课文读得正确、流利、有感情吗？我的学生喜欢做我布置的语文作业吗？我的学生怕写作文吗？我的学生写字都能正确、端正、整洁吗？我的学生都喜欢读名著、看经典吗？教师们向自己提出的这一系列的学习上的问题，如果回答是"不"，那么我们每个教师自己都应该好好地想想了：我的语文课怎么了？我这个语文教师怎么了？学生为什么不喜欢我的语文课？学生为什么不喜欢我这个语文教师？他们每天在想什么呢？他们需要的是什么呢？他们需要我怎样讲课呢？他们需要的东西我能给他们吗？我怎样上课才能激发学生的语文学习兴趣呢？我怎样构建吸引学生的有魅力的语文课堂呢？总之一句话，我们究竟该怎样上语文课，才能抓住学生的心，才能把语文课上到学生的心坎上呢？

教师们破解上面的问题，就必须研究学生，读懂学生，必须走进学生的内心。教师研究学生，读懂学生，实际上就是"教学走心"。教师们上语文课，实际上也是"走心"。课堂上，教师带着自己想教的，走进学生心中想学的，学生就能学好。我们研究好了学生，读懂了学生，教学真的走进学生的内心了，这样一定会改善我们"教"的状况，同时也改善了学生"学"的状况。这就是：读懂了学生，就能改变学生。我们读懂了学生，以切合学生语文学习实际需要的方式方法教学生，学生将会发生彻底的改变，学生学习上的一切问题将会迎刃而解。

二、改变学生，先要改变自己

研究学生，读懂学生，进而改变学生，这些工作的前提，是教师先要改变自己。教师改变自己的什么呢？改变自己研读学生上的错误观念和不良做法。

（一）研读学生，大有可为

在研读学生上，教师们普遍存在着这样一种不正确的思想观念：自己天天在教学生，天天和学生打交道，已经对学生掌握得比较清楚了，没有必要再去研究学生、读懂学生了，学生没有什么好研究的了。

其实，教师们的这种看法是有问题的。研读学生，是研读一个个具体的学生，而不是笼统的、抽象的学生。别看一些教师天天在课堂上教学生，天天和学生打交道，但他们并不真正地了解学生，并没有真正弄清楚他班里每个学生整天在想什么，在做什么。说这些教师并没有真正地了解学生，一是因为这些教师只是抽象地、一般化、一刀切地看学生，而不是具体地、有区别地、个体化地看学生。比较笼统地看学生得出的结论，往往也是笼统的，很一般的，是不切合学生具体学情的。二是因为他们还是用老眼光、旧经验看待今天的学生，而没有看到当前的学生随着快速发展的社会，天天在变。这些教师不了解现在的孩子具体发生了哪些变化，怎么变的，变到了什么程度，每一个孩子的变化与别的孩子有什么不一样的地方。三是因为这些教师每天在课堂上，只是居高临下地从自己"教"的一方了解学生的表面行为，只看到学生的表象，没有走进学生的内心。他们没有用心去了解，没有用情去交流，这些教师很少能经常与学生单独地进行心悦诚服的心灵上的沟通和情感上的互动。研究学生，读懂学生，并不像一些教师所说的"没有必要再去研究，已经读懂学生了"，而是有大量细致的具体工作要做。有人说，每一个学生都是一个丰富的世界，每一个学生都是一座待开采的金矿，每一个学生都有无限的学习潜能，每一个学生都有广阔的发展前景。所以，研读学生，不是没什么可做了，而是大有可为，任重道远。

（二）怎样研读学生

1. 走进学生

教师每天在班级里、在公开场合教学生，提问题，学生每天在班级里、在众目睽睽之下学习、发言，回答教师的问题，这只是师生在公开场合的教与学的行为。教师如果仅仅依靠这些公开场合的教学交流、教学互动，去了解学生，去推断学生心理，是远远不够的，也了解不到学生内心的真东西，听不到学生内心真实的想法。

走进学生、了解学生，在班级里、在公开场合仅仅是其中一个渠道，而最主要的场景是在学生无所顾忌、心里放松的情况下比较隐蔽的二人世界，在教师态度和蔼、语言亲切、语调温柔的氛围中，学生才愿意说真话，道实情。

我是怎么做的呢？在每天上学、放学的路上，我碰到学生，便紧走几步，或放慢几步，主动与学生低声攀谈起来，谈课堂，谈教师，谈同学，谈作业——你们都喜欢什么样的语文课堂，喜欢什么样的语文教师，喜欢老师怎样讲课。你们都希望教师布置什么样的语文作业，布置多少语文作业。平时在街上，在公园里，在小河边，在田间地头，我只要见到有小学生在那里玩耍，不论是哪个学校的，不论是哪个年级的，我都主动地凑上去，与学生打招呼，然后态度和蔼地与孩子们聊家庭，聊父母，聊作文，聊读书，聊朗读，聊写字等。在街上公共浴池洗澡的时候，我只要看到学生也在洗澡，不论是小学生还是中学生，都主动靠近他们，与他们聊上学、聊听课、聊读课外书等，有时候我边聊还边给他们搓背、洗头。我的体会是：在这些学生比较放松的环境下，我走进学生，了解学生，就能了解到学生内心的许多真东西。学生说的与我们教师想的、做的，常常有很大的反差！走进学生，走进学生的内心世界，确实是研究学生、读懂学生的一个重要渠道。

2. 理解学生

我们真正走进了学生、了解了学生，才能惊奇地发现学生，准确地把握学生，才会改变我们的学生观、教学观，改变我们的教学行为。

（1）学生最可怜。

农村大量的留守儿童，失去了父母的呵护，得不到家庭的温暖，得不到良好的家教，真可怜！许多进城上学的农村小朋友，经常在夜里睡梦中突然爬起来，哭着要去找妈妈，去找爸爸，真可怜！春节妈妈终于打工回来了，留在家里上学的孩子，一见到妈妈就冲上去，搂住妈妈哭个不停，真可怜！还有更多的小学生，每天起得早，睡得晚，有写不完的作业，做不完的试卷，上不完的补习班，繁重的课业负担压得他们喘不过气来。他们目光呆滞，整天没个笑脸，失去了本该享受的自由与快乐，他们是最可怜的！

(2) 学生最可爱。

小学生心地单纯，天生友善，生动活泼，朝气蓬勃，非常可爱！学生好做梦，喜幻想，憧憬未来，向往美好，非常可爱。小学生爱听老师的话，热爱劳动，关心集体，热心助人，尊敬师长，非常可爱！小学生喜爱表扬，喜欢夸奖，如果教师能经常正确表扬学生，经常对学生有个好心情，教师叫学生干什么，他们就干什么，绝没有成年人的狡猾，小学生真可爱！语文课堂上，如果教师的教学能抓住学生心理，贴住学生的学情，合理组织教学，恰当启发引导，课堂教学非常有意思，那么学生就能积极地学，主动地学，用心地学，忘我地学，学生真可爱！冰心说："淘气的男孩是好孩，淘气的女孩是巧孩。"男孩、女孩都可爱，小学生最可爱！

(3) 学生最可教。

教育心理学研究表明：每个学生都有天生的好奇心、求知欲，每个孩子都有强烈的探索欲、尝试欲，如果我们对学生施以正确的教育教学方法，就能保护他们的好奇心、求知欲，就能发展他们的探索欲、尝试欲，甚至冒险欲；每个孩子都有好学上进的天性，每个孩子都有主动学习的动力，如果我们对学生施以正确的教育教学方法，就能保护孩子学习的上进心，开发孩子学习的内潜力。教育心理学研究还表明：每个孩子都有无限的学习潜力，每个孩子的发展都不可估量，每个孩子的可塑性都很大，每个孩子求善、向上的欲望都十分强烈，所以学生最可教！我们要相信学生，依靠学生，发展学生，还学生一个自由、快乐、幸福的童年！

(4) 学生最可怕。

教育心理学研究表明：学生的内心十分丰富，又十分复杂，我们很难捉摸透。由于学生的心理难以把握，我们在教育教学上就有了不少的担心：我们担心找不到最有效的方法教育学生，打开学生的心扉，激发学生的潜能，调动学生的积极性；我们担心找不到最有效的教学方法上好语文课，上活语文课，让每个孩子在课堂上都能生动活泼地学习；我们担心找不到最有效的育智方法，培养学生的独立思考、大胆质疑的思维品质，培养学生的创新精神和实践能力；我们担心找不到最有效的教学方法，培养学生自主学习、合作学习、探究式学习的能力；我们还担心找不到最有效的方法，培养学生的浓厚语文学习兴趣，培养学生的良好语文学习习惯，让他们终身受益！所以，在教书育人上，学生最可教，也最可怕，而我们在学生面前却显得束手无策，方法笨拙，非常渺小。一位儿童哲学家说过，儿童是成人之父。我则认为，儿童是成人之师。我们要像于永正老师那样，教了几十年的书，最后把自己教成了孩子。我们要像李吉林老师那样，把学生当作自己的老师，把小学当作自己的大学。我们还应该像于漪老师那样，一辈子都做老师，一辈子都学做老师！一辈子都向学生学做老师，一辈子都向课堂学做老师！

三、改变自己，语文教学就能改天换地

因为我们读懂了学生，把握了学情，接下来便是依学定教，顺学而导。把握了学情后的"教"和"导"，与我们之前没有真正把握学情的"教"和"导"，是完全不一样的。学生的心理在变，我们的方法也在变；我们的方法改变了，学生的学习行为才会发生改变，我们的课堂才会发生改变。我们改变自己了，语文教学就能改天换地，我们就有了海阔天空！

第四节　教学设计

以上，我们从五个维度，透彻把握了课标；变换三种角色，全面解读了教材；拓展三个方面，精准理解了学生。有了这些基础，下一步的教学设计，就是一件比较容易的、水到渠成的事了。

一、教学设计的四项基本内容

（一）确立教学目标

根据课标要求、文本实际，尤其是单元导读以及课文后面提出的教学要求，

还要考虑到本班学生学习"这一课"的具体学情，确立合宜的教学目标。

（二）选择教学内容

主要依据文本资源，也可以适当补充一些文本以外的学习资料。在选择教学内容的过程中，教师还要根据学生的实际情况，考虑教学重点、教学难点，以及教学的关键点。

（三）考虑教学方法

主要考虑学生掌握学习内容、达到学习目标所应该采取的"学"的方法，以及相应的教师组织指导、启发点拨的"教"的方法。当然，还包括与教学方法配合使用的教学手段，如教学课件等。

（四）安排教学程序

教学程序即教学过程、教学环节。教学程序应循序渐进，由浅入深，由易到难，既切合小学生学习语文的心理，又切合语文学习的基本规律。教学程序应该是板块结构，一节语文课，三四个教学板块，每个教学板块围绕一个主题，做几件事情。教学程序还应该简洁、明了、清晰、顺畅，让人一目了然。

二、教学设计的四项基本原则

（一）选择教学内容的原则

在教学内容上，以学习语言文字运用为核心，致力于学生读写听说能力的提升，致力于学生语言理解、语言运用、思维发展、审美情趣等语文核心素养的提升。

（二）选择教学方法的原则

在教学方法上，以学生的自主学习为主要的学习方式，辅之以合作学习、探究式学习，充分发挥师生双方在教学中的主动性和创造性。

（三）安排教学过程的原则

板块教学，循序渐进。在教学过程上，突显语文学习的综合性、实践性，体现语文学习的情感性和趣味性。

（四）实现教学目标的原则

在教学目标的达成上，要预想到学生通过一节语文课的学习，应该发生哪些变化，应该让学生有哪些具体的获得感、成就感。学生的这些变化，这些获得感、成就感，既有语文知识、语文能力方面的，又有学习的过程和方法方面的，还有情感、态度与价值观方面的。当然，在一节课里，这三个方面的教学目标不一定同时达到，同时看到，可以有先有后，有轻有重，有显有隐，有近有远。

第二章

教学实施技能

教学实施,就是教学设计在课堂上的落实,就是实际"怎么教"。俗话说,计划容易,落实难。我们党和国家领导人曾告诫各级领导干部,要"一分计划,九分落实"。这句话的意思,不是说计划时可以不慎重,而是说落实的重要性和艰巨性。因此,我们注重教学设计,更应该注重教学实施。课堂教学上,我们要以饱满的激情、坚定的信心、生动的教法、灵活的机变、充分的激励、良好的影响实施教学设计,完成教学任务,落实教学目标。

第一节　阅读教学

阅读教学是语文教学的"重头戏",主要任务是培养学生的阅读理解能力。老师们平时也比较看重阅读教学,在这方面花费的时间最多,可是阅读教学的效果一直不太好,效率一直不够高,这让老师们感到非常困惑。怎么办呢?

一、教学要点

教师们在课堂上实施阅读教学,要抓住四个方面,即"四个教"。

(一) 教语言

阅读教学主要是教语言。教师要教会学生对语言文字运用的理解、品味和鉴赏,培养学生理解、品味和鉴赏课文语言文字运用的能力,进而理解课文内容,体会思想感情。学生学习课文,主要是学习课文的语言文字运用,主要是留下语言,而不是学习课文的思想内容,也不是留下思想内容。阅读教学抓住了语言,留住了语言,就抓住了根本,就留住了重点。

(二) 教读书

阅读教学,理解、品味、鉴赏语言文字,应以读为主。一是注重朗读,培养学生正确、流利、有感情地朗读课文的能力。二是注重默读,有默读才有对课文语言文字运用的深入思考与理解,才有深入的感悟和体会。我们要提高学生默读能力,提升学生默读效率,培养学生默读习惯。三是注重诵读,所有的课文都要熟读成诵。熟读利于精思,成诵益于揣摩。四是注重背诵,有了背诵,课文全部的东西都留在学生心中，都种在了学生心田。所以，对许多精美的课文，教师应该让学生声情并茂地背诵下来。

（三）教方法

学生的阅读理解能力从哪里来？从阅读的经验中来，从阅读的方法中来。没有阅读方法的掌握，没有阅读方法的实践运用，没有阅读经验的积累，培养阅读理解能力就是一句空话。当前的阅读教学普遍忽视对学生进行阅读方法的传授、指导与启发。所以，我们在引导学生阅读理解课文语言文字运用的过程中，千万不要忽视教给学生阅读理解语言文字运用的方法，引导学生进行阅读方法的学习、运用与积累。

（四）教积累

一个人的学习，主要看积累。语文学习，也主要看语文积累。积累还要教吗？积累不是死记硬背，不是"放羊"式的不管不问，积累要讲究方法技巧，注意提高效率。积累什么呢？一是积累语言要素，包括精彩的语言材料，以及语言材料运用的方法、技巧，积累作者运用语言文字表达思想感情的经验。二是积累方法，包括理解课文的方法、品析语言的方法、体会情感的方法、朗读课文的方法，以及迁移运用的方法和科学思维的方法。三是积累人文，主要是课文介绍的人事物景的人文知识，以及自然、社会等其他方面的人文知识。

二、教学模式

教学模式规定了教学的具体实施。当前在语文课堂上，我们常见的阅读教学模式是：初读课文，整体感知——抓住重点，深入讲析——回归全文，总结提升。可以说，这样的阅读教学模式主要是引导学生理解课文思想内容，而不是引导学生学习语言文字运用。以理解课文思想内容为主要目的、为主线的阅读课，教学效率极低，学生的阅读能力很难提升。以学习语言文字运用为主要目的、为主线的阅读课，应按照对语言文字运用"认识—实践—迁移"的程序组织教学。其基本的教学模式如下。

（一）初步理解课文内容

这一环节，主要让学生识字学词，初步理解课文内容，正确、流利、熟练地朗读课文。这一环节，要让学生读懂读熟课文。读懂，即读懂词句，读懂段篇，把握主要内容；读熟，即要把课文念得滚瓜烂熟。课文读熟了，主要思想内容把握了，才能正式地开讲，深入地品析，为进一步学习课文的语言文字运用打下基础。

（二）认识语言运用现象

这一环节，应让学生认识、理解本篇课文中最重要、最突出、最精彩的语言文字运用现象。主要是课文比较典型的写作方法，如写人的方法、叙事的方法、写景的方法、状物的方法，还有构思的方法、选材的方法、组材的方法、命题的方法、立意的方法，以及遣词造句、谋篇布局、首尾照应的方法等。教师引导学生发现认识课文语言文字运用的现象，应该是那些对理解课文思想内容、体会作者思想感情有重大作用的地方。引导学生发现并认识理解语言文字运用现象，不可多，一般是一篇课文找到一两处比较典型的就可以了，以便让学生在学习时能重锤敲打，能"一课一得"。学生初步理解课文内容之后，教师可以这样启发：从全篇来看，你认为哪些地方是课文的重点，最能打动你，对表达作者的思想感情有重大作用？作者在这些地方运用了什么样的表达方法？你能结合具体的课文内容，理解分析并阐释这些地方的语言文字运用现象吗？

（三）体会语言运用效果

体会语言运用效果，即让学生通过读书、品味等阅读实践，体会作者的这种语言运用对表达思想感情到底有何作用，有何好处。这样的遣词造句，这样的布局谋篇，这样的描景状物，这样的写人叙事等，究竟表达了作者怎样的思想感情，并通过朗读，把体会出的思想感情表达出来。体会语言文字运用的效果，一般以课文的语言材料为主，如果觉得课文的语言材料不够，还不足以让学生体会这种表达方式的作用，教师也可以给学生补充课外的语言材料。体会表达效果的教学环节非常重要，它是体会课文思想感情的重要途径。这个环节，过去被许多老师忽视了，因此学生既没有发现课文语言美在何处，又没有真正体会课文的思想美在何处。还要补充说一下，在学生有感情地朗读课文"部分"的基础上，教师还要让学生练习有感情地朗读全文，从全文的角度再来进一步体会这种语言文字运用的效果。

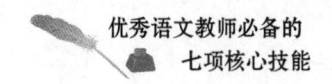

（四）进行语言运用迁移

语言文字运用迁移，就是从本篇课文学到的语言表达方法进行运用迁移。过去的阅读教学效率之所以低，就是学生从课文中学到了一种写作方法，没有进行实践运用。读写脱节，学了不用，等于没学。在这个环节，教师可以在课内，也可以从课外选择一些语言材料，让学生进行课文写作方法的实践与运用。

这里还要补充说明的是，学生从课文中学习语言文字运用，不仅有写作方面的，还有阅读方面的。写作方面的，是从读学写；阅读方面的，是从读学读。有的课文体裁，学生不常见，不常读，往往不会读，读不懂，如小说文章、说明性文章，以及那些表达作者人生体验的散文，还有一些表达方法不是太典型的课文，这类课文如果觉得不便从读学写，可以从读学读。从读学读的阅读教学，主要把上面"迁移运用"的内容变通一下，把从读学写变为从读学读。阅读教学中，教师帮助学生总结本篇课文的阅读理解方法，到最后迁移运用时，教师让学生阅读一篇同体裁的文章，并提出相应的阅读要求，让学生练习阅读。当然，从读学读的任务，也可以让学生在课外完成，进行课外阅读；也可以与略读课文的学习相配合。不管怎样安排从读学读，教师上阅读课，一定要有阅读方法传授的意识，一定要有阅读方法迁移运用的意识，一定要有让学生积累阅读经验、培养阅读能力的意识。

另外，一些语文课上，教师仅从进一步体会课文思想内容的目的出发，安排学生写点感受体会之类的小练笔，而不是从学习语言文字运用的目的出发，安排学生进行书面语言文字的运用练习，那不是真正的从读学写；教师在阅读课上没有教给学生阅读理解的方法，学生进行课外阅读时，不是阅读方法的迁移运用，而是随便读读，应付读读，读读脱节，那也不是真正的从读学读。

三、教学课例

<h1 style="text-align:center">落 花 生</h1>

（五年级课文，作者许地山）

我们家的后园有半亩空地。母亲说："让它荒着怪可惜的，你们那么爱吃花生，就开辟出来种花生吧。"我们姐弟几个都很高兴，买种，翻地，播种，浇水，没过几个月，居然收获了。

母亲说："今晚我们过一个收获节，请你们的父亲也来尝尝我们的新花生，好不好？"母亲把花生做成了好几样食品，还吩咐就在后园的茅[máo]亭里过这个节。

那天晚上天色不大好。可是父亲也来了，实在很难得。

父亲说："你们爱吃花生吗？"

我们争着答应："爱！"

"谁能把花生的好处说出来？"

姐姐说："花生的味儿美。"

哥哥说："花生可以榨油。"

我说："花生的价钱便宜，谁都可以买来吃，都喜欢吃。这就是它的好处。"

父亲说："花生的好处很多，有一样最可贵：它的果实埋在地里，不像桃子、石榴、苹果那样，把鲜红嫩绿的果实高高地挂在枝头上，使人一见就生爱慕之心。你们看它矮矮地长在地上，等到成熟了，也不能立刻分辨出来它有没有果实，必须挖起来才知道。"

我们都说是，母亲也点点头。

父亲接下去说："所以你们要像花生，它虽然不好看，可是很有用。"

我说："那么，人要做有用的人，不要做只讲体面，而对别人没有好处的人。"

父亲说："对。这是我对你们的希望。"

我们谈到深夜才散。花生做的食品都吃完了，父亲的话深深地印在我的心上。

（一）初步理解课文内容

1. 识字学词

居然　吩咐　茅亭　榨油　石榴　品尝

2. 正确、流利、熟练地朗读课文

3. 把握课文主要内容

课文围绕题目"落花生"，写了种花生、吃花生、议花生。文章主要写了议花生，写了父亲与我们姐弟几个关于花生的对话，议论它的好处。通过议

花生，父亲教育我们姐弟几个，做人要像花生一样，要做有用的人，不要做只讲体面而对别人没有好处的人。

（二）认识语言运用现象

学生把握了课文的思想内容之后，教师要引导学生再读课文，看看课文的哪几个自然段突出表现了作者的育人思想。学生通过浏览课文会发现：第10~14自然段，就重点表现了作者的育人思想。也就是说，课文的这5个自然段与课文的思想内容有着极为密切的关系。课文这5个自然段，通过人物对话隐含着"借物喻人"的语言文字运用现象，很好地表达了作者的思想感情。

（三）体会语言运用效果

课文的第10自然段，父亲说的一大段话，是"借物"；课文的第12~14自然段，是"喻人"。"借物"非常形象、具体；"喻人"非常深刻、恰当。父亲拿花生说人，启发人，教育人，让人口服心服，收到了很好的教育效果。"借物喻人"方法的恰当运用，也很好地表达了作者不图虚名、默默奉献的精神品格，表现了作者不为名利、只求有益于社会的人生理想和价值观。教师让学生带着作者的这种思想、这种理想，有感情地分角色朗读课文的这几个自然段。在学生有感情地朗读课文"部分"的基础上，再分角色朗读全文，进一步体会作者在文章中运用的"借物喻人"之法的好处，进一步体会作者的思想感情。

教师如果觉得仅凭这篇课文还不足以让学生真正体会到"借物喻人"之法的作用、效果，还可以从课外选一两篇文章，展示在屏幕上，让学生阅读，判断文中运用了什么写作方法，体会这种写法的好处、效果。

（四）进行语言运用迁移

让学生在课外运用"借物喻人"之法写一篇作文。学生可以自由命题，教师也可以给学生出几个题目，让学生任选。如：

小草　小石子　松树　梅花　雨伞

第二节　作文教学

作文教学，是语文教学的一项重要内容，也是老师们公认的教学难点。

作文教学，教师难教，学生难写，作文成绩一直不够好，学生的写作水平一直难以提高。这到底是什么原因呢？

一是教师上阅读课，没有很好地引导学生从课文中学习语言文字运用。二是教师上作文课忽视了对学生写作过程的指导，包括作文构思以及具体的写作。当前的作文课堂一般是：教师激发兴趣、帮助学生审题之后，就让学生各自去写。学生写好以后，简单改改，便交给老师。学生交给老师的是没有认真构思以及没经过老师指导的作文，这样的作文一定是比较粗糙的，是质量不高的。三是学生作文之前的生活积累和读书积累不够，也是一个重要原因，这是老师们有目共睹的。那么，作文的症结找到了，该怎么对症下药呢？

一、教学要点

这里的教学要点，主要是作文指导课上的教学要点，不包括作文课之外的工作。教师们千万不能忽视作文课之外的几项工作。一是阅读教学中，注意引导学生学习语言文字运用，从读学写，读写迁移。二是引导学生热爱生活。让学生留心生活，做一个生活的有心人，不断地为作文积累生活素材。三是引导学生读课外书。读书不是只为获得信息，不是只为追求情节，了解内容，学生读书的主要目的应该是学习语言，积累语言。教师要让学生少做题，多读书，读好书。四是引导学生平时写随笔式的作文，即自由作文。自由作文，对于激发学生写作兴趣、记录生活、抒发情思、训练思维、提升能力，都有不少的帮助。五是为学生创造发表的条件。写作的目的，主要是为了发表，与别人交流，得到更多人的评价。创造发表的条件，如课堂上教师朗读学生的作文，举行作文朗读比赛，学校作文小广播，作文专栏，作文专刊，作文周报，让父母阅读，让爷爷奶奶阅读，投寄报刊杂志社等。学生作文发表了，与读者进行了交流，得到了读者的好评，学生有了成就感，越写越想写，有助于作文能力的提高。那么，作文指导课上，教师主要做什么呢？

（一）确定写作任务

确定写作任务，就是确定"写什么"。这次作文，是叙事写人的，还是写景状物的；是写说明性的文章，还是写想象性的文章；是编写童话故事，还是写一般的故事。确定写作任务，既确定写什么内容的作文，又确定写什么文体的作文。学生写任务趋动作文，即单纯地为表达和交流而作文，不是为应试而作文。学生写任务趋动作文，比写应试作文更能写出真情实感。

（二）明确写作目的

明确写作目的，就是明确"为什么写"。一是明确读者对象。完成这次写作任务，不是为老师写，不是为家长写，不是为完成作业，不是为作文而作文，更不是为了应试，而是为了生活中的交际需要写作。我写这篇作文，准备给谁看？给哪些人看？他们想看到我什么样的作文呢？他们希望我怎么写？我以什么态度写？我应该怎样写，才能满足读者的阅读需求，才能真正起到作文交际的作用呢？二是明确本次作文的训练重点。课堂作文，每次都要有明确的训练重点。或解决学生上次作文（也可以是以前作文）普遍存在的问题，或按照教材上的教学计划让学生学到一种新的写作方法。明确写作目的，不仅要有读者意识，而且要有训练意识。有读者意识，学生有明确的写作对象，可以促进作者自觉地把作文写得内容具体，抒发真情实感，语句通顺，追求文笔的优美；有训练意识，可以引导学生有重点地学习语言文字运用，确保作者"一篇一得"，得得相连，不断提高写作能力。

（三）指导写作过程

指导写作过程，就是指导"怎么写"。指导学生"怎么写"，首先指导学生"怎么思"。"怎么思"即构思，包括命题、立意、选材、组材、列纲等。构思的功夫不可轻。没有对作文的缜密构思，别想写出好的作文。当前的作文指导课，普遍缺少教师指导学生构思的环节。教师让学生知道写什么，明确了写作要求，给学生读篇范文，或简单讲讲，便让学生去写。因此，课堂上便有不少的学生嘴咬笔杆，东张西望，迟迟动不了笔，写不下去。指导学生"怎么写"，其次是指导学生的写作过程，即指导学生如何实施构思，在学生写作过程中，教师根据学生写作情况，既可做集中指导，也可做个别指导。学生对作文有了构思，那只是心中想的，至于具体地实施，具体写起来，把作文写具体，学生一定还会遇到这样或那样的困难，所以还需要教师的跟踪指导。教师对学生写作过程的指导，既是必需的，也最能体现语文教师的写作功力。

（四）助力作文修改

帮助作文修改，就是指导学生看看作文"写得怎么样"。学生作文写完了，不能只是让学生自己读读，简单改改。学生自己改，最多只能改个错别字。他们只能是校对，谈不上修改，根本改不出什么，因此需要教师的帮助。教师的帮助，主要是引导学生发现问题，提供方法，指点门径，最终还是让学生自己动手修改。学生学会了修改作文，不仅使作文越写越好，而且他们的写作能力也不断提升。

二、教学模式

当前的语文教学研究，比较看重阅读，而轻视作文。因此，阅读教学模式研究得比较充分，而作文教学模式研究得较少。下面的作文教学模式，是根据学生的写作心理，结合大量的优秀作文课例，是基本的教学模式，即一般的作文指导课都应该做的几件事。

（一）审题

这个环节，主要是明确写作任务，弄清写作目的，知道写作要求。学生带着与读者进行书面交流的任务而作，写作有明确的读者对象。写作目的不是空的，读者对象不是虚的，作文才能写得不空不虚，实实在在。

（二）启思

这个环节，主要是根据写作任务及读者对象，确定选材——有哪些作文素材可以写进作文里去；立意——根据这些材料，要表达一个什么中心；组材——根据这个中心，合理地安排材料，孰先孰后，孰详孰略；列纲——列个大致的写作提纲，有一个写作路线；命题——根据素材和立意，给作文命个题目，题目要新颖，让读者有陌生感，有兴趣，吸引读者，而且题目是文章的眼睛，尽量体现文章的立意。作文之前认真构思了，做了充分的酝酿工作，作文写起来才顺手，才不会出现什么大的问题。

（三）导写

这个环节，主要是扣住题目，扣住中心，把文章写具体，写实在，写出作者的真情实感。怎样把文章写具体呢？把一件事情写具体，必须把一件事件分解开来，分成几个发展阶段，找到事件的细节，把细节写好；把一个人写具体，必须围绕人物的精神、品质及其与周围人和事物的联系，抓住人物的语言、动作、神态、外貌、心理等几个方面，把这几个方面分别写具体，并且要有侧重点；把一处景物写具体，必须抓住景物特点，把这处景物分成几个部分，或从几个方面，按照一定的顺序，同样也要写到景物的细微之处，多用比喻、拟人等修辞手法；把一件物品写具体，同样要把这件物品分为几个部分，按照一定的顺序，运用一定的方法，如列数字、作比较、打比方、举例子等。只有沉下心来、专心致志地想得具体，才能写得具体。怎样抒发真情实感呢？文章写具体了，就容易表达真情实感。除此之外，要表达真情实感，必须对写作对象怀有真挚的感情，怀有满腔的热情，写真事，说真话，吐真言，抒真情。以真诚之意写生活，以虔诚之心为读者，文章才有真情实感。

在学生进入写作状态以后，教师要注意观察，尤其关注那些平时写作有困难的学生。有经验的老师，从学生写作时的表情，也能看出哪个学生写得比较顺手，哪个学生遇到了困难。作文写得顺手，打开了思维的闸门，写起来文思泉涌，一发而不可收，学生的表情往往是激动、亢奋，眉飞色舞；作文写得不顺手，思路闭塞，写不下去，学生往往是双眉紧锁，情绪低落，面色难看，没个笑脸。对那些写作困难的学生，教师要走近他们，俯下身子，低声询问，态度和蔼，语言亲切，耐心指导，循循善诱。对于普遍遇到的困难或普遍存在的问题，教师要让学生暂时停下，进行集中指导。

（四）修改

修改不只是改语言，还要改思想。没有对思想的修改，就不是真正的作文修改。教师指导学生，对照写作任务、写作目的，以及文章的立意，回头看看自己的文章：任务完成得怎么样？文章写得具体吗？有真情实感吗？能打动人吗？写作目的达到了吗？体现文章的立意了吗？读者对象能满意吗？文章的修改，可以是语句的斟酌、材料的增删、思路的梳理、结构的调整，也可以是题目的更新、首尾的照应、过渡的揣摩、段落的衔接等。个别情况下，还可以根据手头的材料，重新对文章的立意进行考量。

三、教学课例

×××，我想对你说

（四年级作文）

在自己成长的过程中，你是不是有很多心里话想说却没有机会说出来？这一次，就让你们在自己的习作中一吐为快吧！例如，对老师说，为了我们自己的成长，您操碎了心；对妈妈说，我已经长大了，别再把我当小孩看；对邻居叔叔说，谢谢您多年来对我们真诚的帮助；对小伙伴说，我们不要再互相起外号了，这样不文明……总之，敞开心扉，把自己最想说的心里话，在习作里向对方说一说。说心里话，就一定要真实，要说出内心的想法。

（一）审题

这次习作的任务，是向别人说出自己最想说的话，要说心里话，要真实，说出内心的真实想法，起到一次真实的交流思想的作用。

这次习作的目的，从单元的主题以及本次作文的内容安排可以看出，习作训练的目的，应该是真诚。训练学生在习作中真心诚恳地向别人表达，真情实意地向别人倾吐。表达倾吐的对象就是与自己相处比较密切的、联系比较多的人，如妈妈、爸爸、爷爷、奶奶、姥姥、姐姐、哥哥、老师、小伙伴、邻居等。写作的目的，就是向这些人表达出自己最真诚、最真实的想法。

这次习作的要求是：通过事例表达思想。事例要具体，感情要真挚，语句要通顺。

（二）启思

从题目看，这篇作文应该不难写。可是，通过调查发现：四年级的小朋友写这篇作文，普遍存在的问题是思路狭窄，选材单一——对谁说，大都是对妈妈说。说什么，大都是说说妈妈对自己管得多，在学校教师布置作业的基础上，妈妈又增加了作业，星期六、星期天又让去上补习班、兴趣班什么的。对妈妈说，大都是向妈妈陈述自己的委屈，对妈妈的不满。许多教过四年级的语文教师都向我反映，学生写这篇作文基本上千篇一律，都是对妈妈说，都是说那些委屈的话。少数学生写了对老师说，也不敢说真话，说的都是夸老师、恭维老师的话，没有敢给老师提意见的。学生思路打不开，选材就很有限，很单一。作文选材单一，"下锅的米"太单调，作文的其他方面都会成问题，就写不出内容丰富、生动活泼的作文。

要让学生打开思路，教师本人必须先有思路。对妈妈说，既可以诉委屈，提意见，劝妈妈不要再出去打工了，写出对妈妈的想念之事、思念之情，也可以赞妈妈，说妈妈每天非常辛苦，感谢妈妈。对老师说，老师要以诚恳的态度告诉学生，老师最想听到提意见的话，以便能改进教育教学方法，把课上得更好，把大家教育得更好。比如，课堂生动、有趣、有吸引力吗？课堂上讲解多吗？课堂上尊重、理解同学们吗？作业布置得多吗？平时在处理同学之间的事情上公平合理吗？对爸爸、叔叔、爷爷说，劝他们不要再喝酒吸烟了，这样既有害自己，又有害他人。老师告诉学生，对谁说，说什么，说得内容新颖，与众不同，而且又真诚，比较感人，那才算有本事。在老师的启发下，学生的思路打开了，各自选好对谁说，说什么。之后，老师再启发学生回忆材料，选择材料——围绕对谁说，说什么话题，回忆一下有关他（她）的一些事情，然后从中选择两三件比较典型的事情，排个顺序。选材、组材的工作做好以后，教师让学生在班内向大家说一说，相互启发。先小组说，再班级说。学生打开了思路，说出了自己与众不同的话题，说出了自己的独立思考，说出了自己的独特选材，就会为下一步写出内容丰富多彩的作文打下坚实的基础。

（三）导写

导写，主要是指导学生把事情写具体，抒发真情实感。把事情写具体，尤其是把作文中最重要、最典型的事情写具体，要按照事情发展的顺序，写清楚前因后果。比如写想让妈妈别扔下孩子外出打工，要写清：妈妈打工走了，由于"我"太小，在生活、学习上遇到了不少困难，感到非常的无助，心里非常难过，经常哭，想念妈妈。向老师提教育教学上的意见，要写清老师课堂上怎么讲解分析的，讲得太多，老师的课是怎么枯燥乏味的；在处理学生的一些事情上，老师又是怎么不理解、不尊重同学们，怎么不公平的。劝爸爸、叔叔不要吸烟、少喝酒，要查阅资料，弄清烟酒有什么致癌物，吸烟、喝酒对人有哪些危害。也可以举一些因喝酒过多导致酒精中毒死亡的例子，以及酒驾出车祸的例子，还有长期吸烟患病死亡的例子等。只有把事情写具体，把事实说充分，才能说服对方。至于抒发真情实感，只要作者把事情写具体了，又怀着真心实意的心情，态度诚恳，激情满腔，与对方坦诚地进行交流，那么文章自有真情、自能生动。

（四）修改

这篇文章，修改的标准是：话题新颖，态度真诚，事例真实，内容具体，表达真情实感，语句通顺。把文章读给对方（或假设的对方）听的时候，让人口服心服，觉得真实可信，事实正如文中所说，读者乐于接受建议。这样，习作就真正发挥了交流思想、表达感情的作用。

第三节 口语交际教学

口语交际教学是语文教学的一项重要内容，对于提高学生的口语交际能力，使学生具有文明和谐地进行人际交流的素养，有着十分重要的作用。当前的口语交际课上得怎么样呢？质量又如何呢？从总的来说，不怎么样，质量不高。许多老师向我反映，目前不少学生在公开场合不敢讲话，不会讲话。口语交际课上，许多学生不能耐心听取别人的发言，他自己发言时，不仅与别人的发言毫无关联，而且讲得也很简单。只是一两句话，不能清楚明白地讲一段话，更谈不上文明用语、礼貌交际了。造成学生口语交际能力很差的主要原因，是老师平时不重视口语交际课，不会上口语交际课。改变口语交际的教学面貌，提高学生的口语交际能力，我们该怎么办呢？

一、教学要点

提高学生的口语交际能力，同样要从口语交际课的课内和课外两方面着力。口语交际课的课内：老师的阅读课，要重视朗读，让每一个学生把每篇课文都读得正确、流利、有感情；要引导学生从课文中学习人物对话，学习对话方法，积累对话经验；要引导学生在课堂上积极发言，围绕一个意思，把话讲清楚、讲明白。阅读是说写的基础。一个学生阅读课学得好，书读得多，他的说写能力一定不会差。老师们的作文课要与口语交际相结合，先说后写，说得好，才能写得好。老师还要教育学生，在生活中学习口语交际，比如学校生活、家庭生活、社会生活。在生活中与别人进行口语交际时，不仅要关注自己的讲话内容，还要关注自己的讲话方式。要经常跳出自己的讲话圈子，倾听自己、反思自己、监督自己。我们注意了引导学生在课外学习口语交际，那么口语交际课上我们应该"教什么""怎么教"呢？

（一）创设话题情境

创设话题情境，应注意三点。一是要贴近学生实际，让学生感兴趣，有话可说。二是还要有一定的难度，孩子"跳一跳"，可以够得着。有难度才能学到新知识，才能增长新技能。三是要体现语文学习的特色，与语文学习有关，是学语文，有语文味，有助于提高学生口头语言文字的运用能力。

（二）组织交际活动

一是让学生积极参与交际活动，有表达的自信心，敢于发表自己的意见。二是在交际活动中，要想说得好，必先听得好。引导学生注意倾听别人的发言，思考别人的发言；自己发言时，对别人的发言或者评价，或者补充，或者延伸。三是教师要参与学生的交际活动，以自己的发言，为学生提供示范，成为榜样，做出引领，引出更多更好的发言。同时老师要对学生的发言进行相机点评，活跃交际场景，提高交际质量。

（三）总结交际经验

口语交际不是只为了"活动"一番，要通过一堂课的口语交际活动，让学生学到某一方面的口语交际知识，习得某一种口语交际技能，因此活动的总结很有必要。口语交际活动之后，教师要继续组织学生总结本次活动的收获与失误，找到经验与教训。成功与失误都是财富。"一课一得"也是口语交际课的追求！

二、教学模式

口语交际课，如果能正常地上起来，学生有一定的基础，老师有一定的经验，其实是不难的。口语交际课的教学环节比较简单，教学内容也不复杂，它比阅读课要容易上。口语交际课的基本教学模式如下。

（一）揭示话题

教学伊始，教师要引导学生揭示话题，理解话题，弄清要求，明确要领，激发兴趣。

（二）情境交际

揭示话题以后，教师创设贴合学生实际的、能让学生想说的话题情境。课堂上，学生是情境交际的主体，教师是情境交际的主导。学生的主要任务是学，而教师的主要任务是教。课堂上，教师的引，教师的教，要把握现场口语交际的几个特点。一是交互性。学生的发言不能各说各的话，要上下关联，左右交际。二是瞬时性。课堂上的交际是瞬间的，即时的。一个学生发言过后，下面要紧紧跟上，做出应对，不能"冷场"。因此，教师要通过评价、激励、启发，鼓励学生敏捷思维，积极应对。这样，既发展学生的语言，又发展学生的思维。三是真诚性。口语交际课上，力求学生说得真实，说得诚恳，不说假话，不说虚话，不说大话。这些，都需要教师紧紧跟踪监听，随时引领。四是有效性。口语交际课的有效，不是指"热闹"。课堂上热闹了，学生的知识不一定长进，能力不一定提高。因此，教师要引导学生想好再说，把话说好，说得有新意，说得精彩。教师方法的指导，不是大段讲述，而是相机点拨。教师心中有知识，口中无术语。教学目标的达成，不是教过了，而是教会了，有实际效果了。

（三）回味交际

学生口语交际活动之后，教师应让学生回味本节课的口语交际过程，或谈体会，或谈收获，或谈失误。谈自己通过本节课的学习，在口语交际课上学到哪些新知识，有哪些新变化，有什么新感受。

（四）拓展交际

学生在课堂上进行的口语交际活动，是形成性的，即为形成学生的口语交际能力的教学活动。其实，学生大量的口语交际行为是在日常生活中的，这样的口语交际无处不在。所以，在教学的最后环节，教师要鼓励学生把从课堂上学到的口语交际经验，运用于生活之中。学生在生活中的口语交际不应该是随意性的，而应该是反思性的。教师要让学生在生活中用心与别人进行口语交际，既要反思在课堂上学到的经验，又要反思此时此地自己的交际行为，力求做一个会说爱思的人，做一个懂文明、讲礼貌、语言美、心灵美的人。

三、教学课例

神话、传说故事会

（三年级口语交际）

读了这一组课文，你可能对神话、传说更感兴趣了。你还知道或读过哪些神话和传说，选一个讲给大家听。讲之前，要记住故事内容；讲的时候，要有一定的顺序，把故事内容讲清楚。别人讲的时候，要认真听。讲完以后评一评，看谁讲的故事最吸引人。

（一）揭示话题

本次口语交际，就是以故事会的形式，讲神话、传说故事；要求从三个方面提出：讲之前、讲之中、讲之后。

（二）情境交际

情境即是氛围。有情境，学生才有交际的动力，才有交际的需求，才会主动交际，乐于交际，认真交际。教师创设一个什么样的情境，讲神话、传说故事会开得才能更有价值、更有质量呢？教师可以告诉学生：学校要举行讲神话、传说故事比赛，每一个班级选出4名选手。今天我们班先举行比赛。我们的比赛规则有三条。一是评选故事大王——看谁的故事讲得好，引人入胜，生动感人；二是评选故事标兵——不仅自己讲得好，而且还注意听别人的发言，注意评价别人的发言，在故事会中发挥了很好的作用；三是评选优秀小组——在班级发言之前，先小组内发言，看哪个小组组织得好，发言热烈，同时看哪个小组被评上的故事大王多，故事标兵多。故事大王和故事标兵，每个奖项设10人；优秀小组设3组。故事大王前4名的同学，推荐到学校参加比赛。以上通过比赛、评奖、选拔的方式召开故事会，学生一定有积极性，故事会一定能开得很成功！

开好这次故事会，上好这次口语交际课，除了创设比赛、评奖的虚拟情境，具体实施的时候，教师还应注意以下几点：一是为召开这次故事会做好充分的准备。从学生方面说，做好"讲"的准备。课前要熟记内容，要练习，要试讲，请人听一听，提一提建议，是否吸引人。从教师方面说，做好"教"的准备。教师本人也要了解学生所讲的神话、传说故事，甚至自己要先"下水"讲一讲，事先做到心中有数，便于在课堂上对学生进行指导与引领。二是组织、指导好这次故事会的召开。组织好，即提出要求，讲明规则，激发兴趣，先小组讲，再班级讲，有序进行；指导好，即教师对照要求，注意相机提示，比如"按顺序""讲清楚""注意听""注意评"，以及生动、形象、吸引人等。三是注意评判。评判演讲者的成绩，学生为主体，教师为主导，师生合作，共同评议。

（三）回味交际

即活动的总结、发奖。师生共同回忆、总结本次故事会的成功与失误，评出获奖者、发奖。可以奖励故事书，也可以奖励大红花，并把获奖名单写在教室宣传栏内，进行宣传、表扬。

（四）拓展交际

引导学生阅读更多的神话、传说故事书，积累故事，准备参加以后这样更大规模、更大场合的活动，或把神话、传说故事讲给家里人听，讲给小伙伴听，讲给亲戚、朋友听等。

第四节　综合性学习教学

综合性学习主要体现为语文知识的综合运用、听说读写能力的整体发展、语文课程与其他课程的沟通、书本学习与生活实践的紧密结合。综合性学习的鲜明特征为综合性、整体性、联系性，因此这种学习十分有意义。语文综合性学习能较好地帮助学生掌握"自主、合作、探究"的学习方式，有利于学生在整体性的听说读写活动中提高语文素养，有利于知识能力的学以致用，有利于培养学生的综合表达能力、人际交流能力、搜集信息能力、组织策划能力，以及互动合作和团队精神等。综合性学习，对于培养学生的创新精神和实践能力，提高学生的语文核心素养，都有着十分重要的意义。

综合性学习有这么重要的作用和意义，理所当然地应该引起老师们的高度重视。但是，在实际教学中，由于这项学习内容不考试，它并没有得到老师们应有的重视。平时的语文教学，老师们要么不教，要么应付教一教，把任务布置一下，让学生自己去"综合"吧，自己去"学习"吧。学生做的过程也不指导，做的结果也不交流，做的成绩也不评价。

一些上过综合性学习课的老师告诉我，这样的课虽然不容易上好，但认真上一上，也是挺有趣的，学生也挺喜欢的。综合性学习课，没有认真上，浪费教学资源，学生的能力没有得到培养，真可惜！其实，我们老师也都是从学生过来的。我们上学的时候，哪位老师对我们有真爱，关注我们的长远发展，关注我们真正语文能力的提高，我们长大成人之后都十分地感激他们，一直到现在我们还说这些老师的好，还怀念这些老师。我们从心里认为，这样的老师才是真正的好老师。所以说，我们不论是从为中华民族的伟大复兴、为每一位学生的发展大目标出发，还是从提倡优良教风，落实语文课程内容，培养创新精神着眼，或是从做教师的底线——良心出发，不论考试与不考试，我们都必须重视综合性学习的教学，培养学生的语文综合实践能力。

一、教学要点

提高学生语文综合性学习能力，有两种渠道。一是语文课程内编排的综合性学习，二是日常语文教学自由穿插的综合性学习。第一种渠道，又有两种教学形态：一是与课文紧密配合的综合性学习，小学一般编排在中高年级教材中，从三年级至六年级，有10次左右；二是独立编排在整个单元的综合性学习，小学一般只编排在高年级，约有4次。第二种渠道，日常的语文教学，教师经常通过一定的教学活动，引导学生进行听说读写之间的相互结合，或听说读写与生活的结合，这样的学习也是综合性学习。由于教材中编排的与课文密切配合的综合性学习活动次数比较多，相应地也比较重要一些，所以下面仅就这种形式的综合性学习谈一下教学要点。

（一）教课文想着综合性学习

教师不仅要教好课文，让学生从课文学习中，习得知识，提升能力，为综合性学习打下一个良好的学习基础，而且教学中要时刻想到本单元的综合性学习内容，注意课文学习与综合性学习的联系与渗透。

（二）注意学法的指导

综合性学习常用的方法，诸如查阅资料的方法，观察记录的方法，调查访问的方法，编写故事的方法，演讲故事的方法，编课本剧、演课本剧的方法，合作探究的方法，交流展示的方法等。

（三）注重学法的落实

综合性学习，学生明白了学法是一个方面，而学法的落实则是更重要的一个方面。在学生综合性学习的过程中，教师要时刻关注学生学习状态，表扬创新的做法，纠正错误的行为，确保综合性学习的顺利实施，确保综合性学习任务的优质完成。

二、教学模式

与课文密切配合的综合性学习教学模式如下。

（一）导语教学中点出

在单元导语教学中，老师要给学生点出本单元编排了与单元主题相适应的综合性学习，讲清学习意义，引起学生重视。

（二）课文学习中行动

在单元课文学习的间隙，教师要引导学生在明确综合性学习内容、要求及学习方法的基础上，组织学生开展综合性学习活动。在学生学习的过程中，教师一方面组织、指导、督促、检查学生的学习活动，另一方面教师也要参与到学生的学习活动之中，教师以自己的行动引领、带动学生的学习。学习活动中，不仅有学生自主学习、有生生合作学习，也有教师的自主学习、师生的合作学习。学习活动中，不仅有学生的探究式学习，也有教师的探究式学习。教师有学习的体会、经验，才能更好地指导学生。师生同时学习与探究，共同完成学习任务。

（三）学习结束后交流

本单元课文学习结束了，综合性学习也结束了，教师可在"语文园地"

教学中，组织学生对综合性学习成果进行交流、展示。做得好的，任务完成好的，教师要组织学生总结好的做法，归纳好的经验；没做好的，没完成任务的，教师要组织学生找出不足，分析原因。谁做得好，谁做得不好，教师要奖优罚劣。对那些应付、马虎的学生，任务没完成的学生，教师要揪住不放，监督继续做好。

三、教学课例

成长的故事

（四年级综合性学习）

单元专题与课文。围绕专题"成长的故事"，本单元编排了精读课文《为中华之崛起而读书》《那片绿绿的爬山虎》和略读课文《乌塔》《尺有所短寸有所长》。

综合性学习编排。在本单元第一篇课文《为中华之崛起而读书》后面，编排了综合性学习：

读了周恩来总理小时候的成长故事，你一定深有感触。让我们来回忆自己成长的经历，并通过阅读、访问、发电子邮件等多种渠道，了解别人"成长的故事"。可以了解伟人、名人的成长故事，也可以了解熟悉的亲人或小伙伴的成长故事。然后用讲故事、写文章、发信件等形式，展示学习的收获。

在语文园地"口语交际·习作"学习栏目内，提出了学习收获的总结、交流和展示的要求：

通过"成长的故事"这个专题的综合性学习，大家一定有很多收获吧。建议从下面的提示中选择一两项，完成口语交际和习作。

·我们了解了许多人的成长故事，也回顾了自己的成长经历，请写一写自己或别人成长的故事。要写得清楚、具体。写完以后，可以和同学交流。

·联系自己的生活实际，交流读了《乌塔》以后想到了什么，再从中确定一两个大家感兴趣的问题进行讨论。讨论以后，还可以写一写"从《乌塔》想到的"。

·通过发微信、电子邮件等方式，向远方的亲人或朋友进行网上汇报、交流学习的收获。

（一）导语教学中点出

本单元课文学习之前，教师先引导学生读一读单元导语。在学生明白单元专题、学习内容、学习要求的过程中，教师要特别指出本单元的课文学习与别的单元的课文学习的不同点是：在认真阅读本单元课文时，要联系实际进行综合性学习，在成长的故事中体验成长的快乐，思考成长中的问题，留下成长的足迹。也就是说，学习本单元课文的明显特征，是语文综合性学习，即课内课外相结合，听读说写相结合，同学与同学相结合，老师与同学相结合，学习与交流展示相结合。只有通过综合性学习这种方式，才能真正学好本单元课文，才能真正在成长的故事中体验成长的快乐，思考成长中的问题，留下成长的足迹。因此，希望同学们要把握本单元学习要求，通过综合性学习，完成本单元学习内容，落实本单元学习目标。

（二）课文学习中行动

1. 交流学习《为中华之崛起而读书》的收获

学习这篇课文的过程中，让学生交流对少年周恩来"成长的故事"的学习收获：可以讲少年周恩来成长的故事，可以谈学习少年周恩来成长故事的感受。

2. 明确综合性学习要求，指导学习方法

《为中华之崛起而读书》课文后面编排的综合性学习内容，教师要引导学生，明确要求，启发、讲解学习的方法——如何阅读名人成长故事，如何进行现场采访，如何通过发电子邮件的方式了解远方亲人朋友的成长故事。

3. 引领综合性学习活动

（1）把班级分成三组：阅读名人成长故事组、现场采访组、发电子邮件调查组。

（2）对三个学习小组分别进行组织、指导，跟踪帮学。阅读名人成长故事组，到学校图书室借阅相关图书，如少年毛泽东的成长故事，少年雷锋的成长故事，少年邱少云的故事，少年刘胡兰的故事，少年爱迪生等科学家的成长故事。现场采访组，引导学生采访学校名师、优秀少先队员、家乡名人、名医、知名企业家、劳动模范等。发电子邮件组，要懂得写信的格式、要求，

要态度诚恳，注意礼貌，以便能得到及时回应，使调查成功。在学生学习过程中，老师重点对现场采访组的同学予以具体的帮助与指导。同时，教师本人也要进行综合性学习，或读名人成长故事，或采访本校、本地区名人，或发电子邮件。教师要做一个比学生更会学习的人。教师与学生一起学习，一定会收到理想的教学效果。

（3）对三个小组的学习活动分别进行跟踪检查督促，并指导写作，写名人成长故事，写自己的成长故事，写读后感等。

（三）学习结束后的交流

先运用口语交际的方式交流，讲自己或别人的成长故事，讲《乌塔》读后感；然后进行书面交流，向别人书面展示自己的读后感、访问记、电子邮件纸质内容；学生也可以把学习收获以电子信件的方式，发给在外打工的父母与亲人等。在交流的过程中，教师也应交流自己的学习内容，给学生做出榜样。比如，教师可以与学生一起讲名人成长的故事，讲自己成长的故事，交流《乌塔》读后感，教师也可以把自己的学习收获，以电子信件的方式，发给远方的朋友。

第三章

教学评价技能

第三章　教学评价技能

　　这里说的教学评价，指的是教师评价同行的语文课堂教学，以及教师评价学生的语文学习。教师评价同行的语文课堂教学，主要是听课与评课；教师评价学生的语文学习，主要是问课与考核。教师同行之间的听课与评课，是学校最基本、最常见的教学研究形式，是教师之间相互学习、相互交流的一种非常好的继续教育研修模式；教师口头问询学生语文学习情况，以及书面测评学生语文学习效果，是教师了解学情、促进学习、改进教学、提高教学质量非常有效的教学检测形式。

　　可以说，听课、评课、问课、考核是语文教师必备的几项最基本、最重要的教学评价技能。但是，教师实际具备这几项教学评价技能吗？又具备得怎么样呢？从总体来说，教师具备得不怎么样，水平比较低。许多老师不会听课与评课，听课方法陈旧，抓不住教学实质；评课蜻蜓点水，多唱赞歌。许多教师不会问课，或从来就没想起来向学生问课，以至于学生语文学习中的朗读、复述、背诵、问题回答、口语交际、综合性学习等几项非常重要而纸笔又很难检测的语文学习能力，便无法得到有效的评价。许多教师从来不给学生出语文试卷，也不会出语文试卷，而书面检测学生语文学习质量，主要依靠从书店买来的、不切合本班语文教学实际的、质量较差的试卷。

　　基于教师具备教学评价技能的重要性和必要性，还基于当前教师教学评价技能偏低的状况，本章谈论教学评价技能，就显得十分有意义，而且非常紧迫了。这里要说明的是，教师的听课与评课技能，关键是评课。评课，是教师评价课堂教学最重要的一项技能，它比听课更能引起人们的关注。为什么呢？这是因为，教师的评课理念、评课内容、评课方法、评课程序，引领着听课，统率着听课，决定着"听什么""怎样听"。学生的特点与需求，决定着教学的内容与方法，因此把握学情最重要；同理，评课的思想与需求，也决定着听课的内容与方法，因此把握评课也最重要。一个人的评课水平，也是这个人教学水平及教学研究能力的重要体现。所以，听课与评课这两项教学评价技能，本书主要谈论评课技能。

第一节 评课

评课，我们听了别人的课之后，根据课标要求，教材实际和学生学习的情况，作出合情合理、公正公平的评价。通过对课堂教学的诊断、评价，肯定成绩，指出不足，提出意见，促进师生改进教与学，提高课堂教学质量。

一、评课理念

《语文课程标准》指出："语文课程评价的根本目的是为了促进学生学习，改善教师教学。语文课程评价应准确反映学生的学习水平和学习状况，全面落实语文课程目标。"课标的这几句话告诉我们：语文课程评价主要是评价学生的学习和对语文课程目标的落实，根据学生的学习情况和课程目标的落实情况，分析、诊断、解剖教师的教学，进而对教师的教学作出评判，提出意见。这就是说，语文教学评价，重点应关注学生学习的成效及学习的状况，由学生学习的成效及学习状况，反观教师的教学。语文教学评价最终还要看语文课程目标的落实情况，学生的学习效果不错，状态也好，但仍未真正落实课程目标，这样也不行。过去的语文教学评价，过多地关注教师的"教"，关注教师的教学方法、教学技巧、才华展示，而较少关注学生的"学"，较少关注学生的学习过程、学习方法、学习效果以及语文课程目标的最终达成。新的评课理念，就是要扭转过去重看教师而轻看学生、轻看课程目标落实的不合理做法，让评课思想回归到以学生为根本、以课标为准绳的正确轨道上来。

二、评课内容

语文评课内容，主要看教师在课堂上是不是引导学生学习语言文字运用，是不是为全面提高学生的语文素养而教，是不是以学生为主体，以教师为主导，以自主、合作、探究为主要的学习方式，体现语文学习的综合性、实践性、情趣性，提升学生的听说读写能力。

（一）阅读教学

一是评语用教学。教师是不是抓住文本的字、词、句、段、篇、点，引导学生认识、理解、品析语言文字运用现象，体会语用效果，进行语用迁移。二是评朗读教学。教师能不能把课文读得正确、流利、有感情，能不能有效地引导学生也把课文读得正确、流利、有感情。三是评学法指导。教师是不是在引导学生学习语言、习得语言文字运用之法、增长语言文字运用能力的过程中，还能让学生习得阅读理解、品析体会的方法，习得读书的方法，丰富阅读理解的经验，提升阅读理解的能力。评课，抓住了语言，抓住了朗读，抓住了阅读理解方法与能力，就抓住了阅读教学的根本。

（二）作文教学

一是评教师的"教"。作文课上，教师能否激发学生写作兴趣，启发学生打开思路，让学生有话说，说真话，说实话，说具体的话；教师能否对学生写作过程予以关心、解惑与指导，同时注意引导学生有效地进行作文修改。二是评学生的"学"。作文课上，在教师的引导下，学生是不是兴趣浓厚，思维活跃，文思泉涌，一发而不可收。学生的习作是不是符合语文课程标准的要求——低年级学生，写自己想说的话，写想象中的事物，写话中乐于运用阅读和生活中学到的词语，根据表达的需要，学习使用经常用到的标点符号。中年级学生，能不拘形式地写下自己的见闻、感受和想象，注意把自己觉得新奇有趣或印象最深、最受感动的内容写清楚。高年级学生，能写简单的纪实作文和想象作文，内容具体，感情真实，文从字顺。

（三）口语交际教学

一是从教师来看，其情境创设是否有趣味性、逼真性，是否能有效组织学生参与口语交际活动且有积极性、互动性，以及学生经过一节口语交际课的学习，学习了哪些口语交际知识，增长了哪些口语交际技能。二是从学生看，其在口语交际现场：是否都能发言积极，对话热烈，态度端正，表达自信；是否都能围绕一个意思，清楚、明白地讲一段话，讲真诚的话；是否都能与别人进行积极互动，文明交际，礼貌用语，表达得体，效果良好。

（四）综合性学习教学

一是从教师看，教师是否能按照教学计划组织学生开展综合性学习活动；活动内容是否贴近现实生活，联系生活问题；活动是否组织得井井有条，扎实有效；学习任务是否完成，教学目标是否实现。二是从学生看，在教师的组织与指导下，学生能否都积极参与活动，有效地自主学习、合作学习、探究式学习。

经过学习，学生是否不仅习得了综合性学习方法，积累了实践经验，而且提高了语文综合实践能力，培养了语文创新精神。

三、评课方法

评课内容决定于评课理念，评课方法又决定于评课内容。评课内容关注学生的"学"，关注学生在课堂上"学了什么"，"怎么学的"，"学得怎么样"。因此，评课方法应该由学生的"学"反观教师的"教"。科学的语文教学评价应该是一种"逆程序"（李海林语）。这种评课程序是由学生看教师，由目标看教学，由结果看过程。从学生学习结果、学习内容、学习方法、学习状态，反观教师的教学内容、教学方法、教学状态。实施这种评课程序的具体步骤如下。

首先，根据课标、教材、学生，弄明白学生的学习目标应该是什么。

就阅读教学来说，学习目标比如字、词、句、段、篇的认识、理解、品味、积累，学习课文的语言文字运用，正确、流利、有感情地朗读课文，课文写作方法的迁移与运用，阅读、理解、体会方法的习得，以及情感、态度、价值观的熏陶与教育等。

评课者把握学习目标，应该在听课之前，提前对教师教学的内容、教学目标有所了解，做到心中有数。教师不能盲目去听别人的课。听课之前，要知道别人讲的什么，哪个年级的，第几课，自己要先备备课，研究一下教材，从课标要求、教材内容、学生实际，对学生学习这一课的学习目标进行科学的分析和实事求是的研判。教师在听课之前做好切实有效的准备工作，是提高听课、评课质量的重要一环，不可缺少。

其次，从课堂学生学习的状态、学习结果看，学生是否达到了这些学习目标。

如果学习效果好，学生达到了这些学习目标，原因是什么——原因是学习目标与学习内容都正确，学习方法也正确；如果学习效果不好，没达到学习的目标，原因又是什么——原因是学习目标与学习内容有问题，也可能是目标不错，但学习内容不适宜，学习方法不得当。

最后，评析教师的教学目标、教学内容、教学方法。

学生学习效果好，达到了学习目标，说明教师教学目标合理，教学内容与方法正确——从课标、教材、学生分析教师教学目标的合理性，教学内容与方法的正确性。学生学习效果不好，没达到学习目标，说明教师教学目标不合理，教学内容与方法不正确，也可能是教学目标是合理的，但教学内容与方法不正确——根据课标、教材、学生分析教师教学目标为什么不合理，教学内容的选择为什么不正确，应该设定什么样的教学目标，选择什么样的教学内容，如何安排这些教学内容，才能让学生真正学到并领会这些内容，实现学习目标。

第二节　问课

问课，这个名字一开始是我偶然想起来的，经过几年的实践，认为用这种方法检查、测评老师的教学业务和学生的语文学习，很实用，很有效，我才把这个名字正式确定下来，作为评价语文教学的一个重要方法。

2013年3月，我到学校检查教师的教学业务时，发现教师备课抄教案的现象比较普遍，从教案本子上看不出教师真实的备课水平。因此，我就干脆不看教师的备课本，采取口头询问的方式进行检查。比如就某篇课文的备课（是教师已教过的，或备课已经备好的），我从课题、课文内容、中心思想、语言运用、写作特点，到教学目标、教学重点、教学难点、教学方法、教学手段、教学过程等，逐项询问，教师一一作答。这种检查备课的方式，把那些马虎备课、抄别人教案应付检查的教师给难住了。许多教师答不上来，或答得肤浅，答不全面。教师们虽然答不上来，但他们都很服气，非常赞同这种检查教师教学业务的方式。教师们认为这种口头作答的检查方式比传统的只看备课本的检查方式有效得多，这种方式能促进教师认真备课。传统检查备课的方式是：只看教师的备课本，谁的备课本写得（实际上是抄得）工整、漂亮，就认为谁的备课好。这种"只看外表不讲实效"的形式主义检查教学业务的方式，正好迎合并更加滋长了一些教师抄教案应付检查的不良行为。而通过问课查备课的方式，才是改变教师马虎备课、假备课的一种有效措施。

后来，我不仅用这种方式检查教师的教学业务，而且还用来检查学生的语文学习。因为学生的语文学习不同于数学学习，它有好多方面都是无法从纸笔书面上进行测试的，必须通过口头面试才能检测。这样，经过一两年的实践，我把这种形式向全县推广，作为测评学生语文学习成绩的一种重要方式，并正

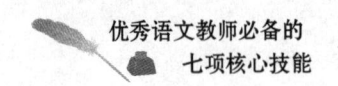

式命名为"问课"。

一、问课理念

问课，是一种口头检测学生语文学业成绩的评价方式。这种评价方式，适用于那些纸笔无法检测的语文学习内容，可以是语文知识与能力方面，可以是语文学习的过程与方法方面，也可以是语文学习的情感、态度与价值观方面。也就是说，语文学习中的许多内容，都可以通过"口试"或者叫"面试"的方式进行检测。这种检测方式一般是教师问学生，也可以是学生问学生，或者是学生问自己。这种语文检测、评价的形式，是对目前语文书面考试形式的一种补充。多年来，我们的语文评价只采取书面考试的唯一形式，只靠这种形式，学生的许多语文素质无法检测。语文书面考试是一种非常片面的考试形式。正因为片面的语文考试，才产生了片面的语文教学。面试与笔试相结合，才是全面而科学的语文考试与评价，是扭转应试教育误导语文教学的一剂良药。问课，它对于全面落实语文课程目标，全面提高学生听说读写能力，全面提升学生的语文素质，抵制片面的应试教育，都有着十分重要的意义。

二、问课内容

（一）语文学习的知识与能力方面

正确、流利、有感情地朗读课文，复述课文，背诵课文，回答关于课文知识与思想内容方面的问题，回答关于课文语言文字的理解与运用方面的问题，口语交际方面的知识与能力，作文学习方面的知识等。

（二）语文学习的过程与方法方面

怎样才能把课文朗读好？怎样复述课文？怎样才能最有效地背诵课文？如何理解课文中的重点词语？如何概括课文的主要内容？如何分段、概括段意？如何体会文章的思想感情？怎样品析课文的关键词语？怎样进行读写结合？怎样读课外书？怎样才能把字写好？怎样才能学好语文？怎样听语文课？应该养成语文学习的哪些好习惯？怎样才能写好作文？作文应该修改什么？怎样修改作文？怎样写读后感？怎样才能写好想象作文？怎样编童话故事？怎样才能上好口语交际课？听人讲话应注意什么？怎样才能把话说好？

怎样与人进行有效交谈？何为自主学习？如何与人合作学习？如何进行探究式学习？如何让自己通过语文学习，越学越聪明？

（三）语文学习的情感、态度与价值观方面

我们为什么要上学？为什么要学语文？为什么要学写作文？为什么要写好字？为什么要上好口语交际课？为什么要上好语文综合性学习课？为什么要多读课外书？为什么要读整本的书？为什么要读难读的书？为什么要学会自主学习？为什么要学会合作学习？为什么要学会探究式学习？为什么要把课文朗读好？为什么要背诵课文，语文学习为什么学了要用？为什么要多读多写、读写结合？为什么要有丰富的语文积累？

以上三个方面的问课内容，在实际操作时不是割裂的，往往是结合在一块儿的。内容相互结合，形成一种"问课链"，能收到比较理想的问课效果。

三、问课方法

①问课的内容：应该是学生已经学过的课文，或已经具备的语文知识与能力。

②问课的场合：视语文面试的要求，及学生语文学习水平和心理素质，一般在班级公开场合进行，对于少数学生，也可以单独询问。

③问者的态度：和蔼可亲，语调温柔，面带微笑，让学生心里放松，打消顾虑，敢于讲话，能自如地讲话。

④问课的技法：由浅入深，由易到难，关注学情，因学而问。一般情况下，对学生要有问课的统一规定与要求。但是，特殊情况下也要考虑学情，因学而问。对语文学习比较优秀的学生，可以要求高一些，问得多一些，难度大一些；对学习困难的学生，可以要求低一些，问得少一些，容易一些，也可给以提示，给以启发；对于平时思考比较慢的学生，不要催促，让他想一想，慢慢来。在询问的过程中，教师要多表扬，多鼓励，要相信学生，要有耐心，让学生大胆说，大声说，好好说，发挥出最佳水平。

⑤问课的评价：要依照《语文课程标准》的学段"目标与内容"，制订《问课评价表》，进行定性评价。既评价回答内容的正确与否，又评价语言表达的清楚与否，当然也要关注答者的态度。另外，问课这种语文教学评价的形式虽

然很好，但操作起来要占用教师较多的时间，效率比较低，怎么办呢？一些农村教学点学生人数比较少的班级，可以人人必问，问的内容多一些；一些城镇学校人数比较多的班级，可以采取抽问、抽查。问课要多在平时进行，当然学期末也可以集中一段时间询问一些比较重要的学习内容，比如朗读课文、背诵课文、复述课文、背诵古诗等。

第三节　考核

这里说的考核，指的是学期末的语文书面考试。从实际情况看，教师们都十分看重学期末的语文书面考试。因为学期末的最后一次语文书面考试，既是考学生，也是考教师。学生通过期末考试，可以看出本人一学期的语文学习成绩；教师通过期末考试，可以看出本人一学期的语文教学得失。特别是，学期末的考试，不仅可以考出教师的语文教学水平，而且还往往与教师的切身利益挂钩。所以，无论是上级教育主管部门，还是学校领导与教师本人，都十分看重每学期期末的语文书面考试。

一、考核理念

（一）从主体看，考核评价的主体应该回归于教师与学生

《语文课程标准》指出："注重评价主体的多元与互动。应注意将教师的评价、学生的自我评价及学生之间的相互评价相结合，加强学生的自我评价和相互评价，促进学生主动学习，自我反思。"这就是说，义务教育阶段，语文教学评价的主体应该是教师与学生，而不应该是上级教育行政主管部门和学校。我觉得，义务教育阶段的小学，更应该如此。当然，九年级学生的升学考试以及教育行政部门举行的教学质量的调查、抽测除外。可是，多年来，小学语文教学评价的主动权，主要掌握在乡镇中心校和教师所在的学校里，教师本人根本没有考试与评价的主动权，学生更没有考试与评价的主动权。由于考试与评价的主动权不掌握在教师和学生手中，在实际的考试和评价的过程中，便出现了这样或那样不切合教与学实际的考评内容，出现不切合教与学实际的考评方式，这让教师们非常有意见，学生更是敢怒不敢言。教师丧失了考试与评价的主动权，也就丧失了学习考试与评价的知识、历练考试与评价能力

的机会。无怪乎，大部分教师不会出试卷，不会评价。教师对考试与评价主动权的丧失，不仅不利于教学，也不利于自己专业能力的提升。所以说，考试与评价的主动权回归到一线的教师和学生手中，是确保考试与评价科学、规范、有序、有效进行的一项重大改革，是发挥评价促进教学、向教学输送正能量、提升教师语文专业能力的重大举措。

（二）从导向看，考核评价应引导语文教学沿着正确的方向发展

教师掌握了语文书面考试的主动权，还必须具有与之匹配的专业知识和技能。语文教师应加强学习考试与评价的理论，具有相应的语文考试知识，学会编制科学、规范、合乎课标要求、合乎师生教与学实际的语文试卷，并会合理有序地组织学生考试。语文教师具备了书面考试的专业知识与技能，就能以此引领语文考试沿着健康、正确的方向发展，促进学生科学规范地学习，促进教师科学规范地教学，全面提高语文教学质量。

（三）从功能看，考试评价应该主要促进学生读写能力的提升

语文考试应该引导学生学习语言文字运用，丰富语文知识的积累，提高阅读和写作能力。阅读和写作能力，是学生语文学习的两项最重要的能力，也是语文书面考试最主要的内容，因此，必须通过书面考试，予以凸显。

二、考核内容

语文书面考试卷内容一般有三部分：语文积累，约占30分；语言文字理解，约占30分；语言文字表达，约占40分。

（一）语文积累（30分）

汉字默写，词语默写，看拼音写词语，组词，选词填空，成语填空，词语搭配，名言警句填空，根据课文中的精彩句子写出课题，根据课文内容填空，精彩句段填空，精彩句段默写，古诗词默写，小古文默写，还有我国传统文化等人文知识方面的掌握与积累。

（二）语言文字理解（30分）

一段话的理解，几段话的理解，不同文体短文的阅读理解。语言文字理解，不仅包括对文章思想内容的理解、感情的体会，而且包括对语言文字运用的品

味及表达作用、表达效果的品味。如对重点词句、关键词句含义的理解以及表达作用品析，分段、概括段意，把握文章的主要内容，体会文章的思想感情。文章写作方法的理解与揣摩，如怎么写人的，怎么叙事的，怎么写景的，怎么状物的，文章开头的品析，结尾的品析，过渡句的作用，中心句的作用，重点段的作用等；还包括文章如何选材，如何组材，如何构思，如何立意，详略安排，叙述顺序，描写顺序等。当前，语文考试中的语言文字理解存在的普遍问题是：①文体比较单一。只考写人叙事的一般性记叙文，不考其他文体的文章。②只考对文章词句的理解、文章内容的理解与体会，不考对语言文字表达方法、表达作用、表达效果的理解与品味。这是不符合语文课标要求的，应该予以纠正。

（三）语言文字表达（40分）

一个人的语文能力，主要看他的写作能力。如写一段话、写几段话、写一篇作文；可以是命题作文，可以是话题作文，也可以是自由作文，或与上面语言文字理解相联系的读写结合等。当前，语文考试中的语言文字表达存在的普遍问题是：①不太在意思想内容的真实性。批卷老师只要看学生把作文写下来了，而且字数又不少，不问作文内容真实与否，便给比较高的分数，很少扣分。②也不太在意语言文字运用。批卷老师觉得文章从整体上还比较顺畅，便不太在意具体的语言文字运用了。如标点符号的正确，遣词造句的无误，句与句的衔接，段与段的搭配，以及各种记叙方法、描写方法、表现方法的恰当运用。考作文，应重点看语言表达。内容具体、感情真实、文从字顺，是习作评价的总要求。

三、考核方法

（一）编制试卷的方法

一是紧扣课标，把握教材，当然也要考虑教与学的实际。因教而考，因学而考，考出干劲，考出改革，考出进步，引导师生的教与学逐渐达到课标要求。二是按照上面"考试内容"的三个方面出题，尽量把试题出得新颖、生动、有趣，有吸引力，对教师的教、学生的学都有促进作用。三是衡量试卷出得深与浅，是否切合教学实际，是否有错误，一个最好的办法是：出卷教师先把试卷做一遍。出卷者亲自做一遍，发现了问题，及时修正或调整，可以预测考试时间，更切合考试实际。

（二）组织考试的方法

对小学生的期末书面考试，千万不要把学生弄到操场上，就在教室里进行。监考老师要态度和蔼，语气温和，面带微笑，给学生营造一个轻松、自然、温馨的考试氛围，让学生发挥最佳水平。监考教师注意观察学生的考试表情，对那些不理解题目意思的同学，教师要作简单的启发、提示，对答卷、做题的方法、技巧，教师也可以给学生简单讲一讲。

（三）试卷评价的方法

要依据课程标准，减少主观臆断。尽量不因改卷教师个人的因素让学生考试没有得到公正的评价。一般情况下，改卷教师要试批几份试卷，心中有了基本的给分（或扣分）标准，方进入正式的批阅。试卷评价，可以流水作业。都是一个标准评价考题，会更加公正。试卷成绩既可以打等第，也可以打分。不论打什么，一般不宜公布，更不宜根据考试成绩排列名次，评比学生。

（四）试卷分析的方法

只从考试中看出学生的学习成绩，那只是单纯的考试。从考试中看出了学生的学习成绩，通过分析找到了学生学习成绩的成因，帮助学生改进学习方法，切实促进其后续的学习，这才让单纯的考试进入到科学评价的层次。试卷分析应把握以下几点：一是统计考题的错误率，学生出现错误人数的多少。二是分析学生出现错误较多的原因，是学习方法不对，还是学习动力不足，或者是答题过程疏忽。三是从出现错误的原因进而思考改进的途径与方法，教师应该怎么改进，学生应该怎么改进，眼前怎么改进，长远怎么改进等。

第四章

教学科研技能

第四章 教学科研技能

苏霍姆林斯基告诉我们："如果你想让教师的劳动能给教师带来乐趣，使天天上课不至于变成一种单调乏味的义务，那你就应该引导每一位教师走上从事研究这条幸福的道路上来。"这就是说，研究能给教师带来快乐，能给教师带来幸福。人们常说，教师的劳动是一种创造性劳动，这种"创造性劳动"就是研究性劳动。教师教书育人，有研究，才有创造；有创造，才有幸福。无数的事实证明：凡是特级教师、正高级教师，没有一人不是走上研究这条道路的。著名语文特级教师余映潮告诉广大教师："发展自己是我们每个人真正的大事。"教师要想发展自己，必须走"学习、实践、研究、总结"的路子。亲爱的教师朋友：你要想成为优秀教师，成为特级教师，成为正高级教师，请你快快踏上研究这条道路上来吧！

教师的研究，一般来说有日常的教学研究和教学科研。教学研究我们都比较熟悉，而教学科研不同于教学研究。教学科研是把教学中的某一问题作为研究对象，确立为研究课题，运用观察、调查、实验等科学研究方法，持之以恒地进行较长时间有目的、有计划、分阶段的研究，最后得出有大量事实和数据支撑的、经得起实践检验的、创新性的研究成果。教学科研和教研相比，虽然它们的研究对象都是教学，但教学科研的研究因素要比教研丰富得多，研究方法和研究手段要比教研复杂得多，研究的周期要比教研的时间长，研究的结果要比教研更有推广应用的价值。我们所知道的，广东丁有宽老师的"读写结合"研究，江苏李吉林老师的"情境教学"研究，江苏邱学华老师的"尝试教学"研究，江苏于永正老师的"儿童的语文"研究，以及辽宁魏书生老师的"初中语文自学能力培养"研究和江苏李庾南老师的"初中数学自学辅导"研究等，都属于教学科研。他们这些教学科研在全国很有影响。他们各自抓住研究的课题，持续不断地研究，坚持研究了几十年，不断取得创新性的研究成果，不断得到国家有关部门及广大教师的好评，他们本人也都成为全国非常著名的特级教师，成为全国教师学习的楷模！

亲爱的教师们，你要真想成为优秀的语文教师，必须从教研走向教学科研。以教学科研为己任，以教学科研解决教学中比较重大的问题，以教学科研促进语文教学质量的快速提高。教师们，教学科研能助你获得进步，教学科研能助你成就优秀！华中师范大学的郭元祥教授指出："'在研究的状态下工作'，是教师开展教育教学工作的一种境界。"我觉得，有了这种境界，我们每位语文教师，都会从教学科研中收获满满的幸福，收获出类拔萃、实至名归的优秀！

　　根据语文教学的特点，根据语文教师当前的教学实际，我认为，教师们进行语文教学科研的方法主要有：以课题研究为统领的观察研究法、调查研究法、行动研究法等。具体进行课题研究时，这几种研究方法又不是截然分开的，而是以某一种方法为主，兼用其他方法。

第一节　课堂观察

　　科学界有句名言："一切推理都必须从观察和实验中来。"细节在于观察，成功在于积累（爱默生语）。观察、观察、再观察（巴甫洛夫语）。可以说，观察是一切科学研究之母。这里所说的观察，是指对语文课堂教学的静态观察。那么，语文教师如何运用观察研究法进行课堂教学研究呢？

一、为什么要进行课堂观察研究

　　课堂观察研究，是为了解决语文课堂教学中的问题。这一问题，经过论证，认为确实具有观察研究的价值，便立为观察研究的课题，然后经过持续不断地观察研究，最终把问题解决。

　　我们知道，提高语文教学质量，提高学生的语文素养，确保学生能考出好成绩，关键在课堂。语文课上好了，课堂上完成教学任务了，课课清、堂堂清了，那么语文教学中的主要问题就解决了，语文教学质量就能保证。如果对课堂教学中的问题视而不见，明知故犯，任其下去，那么课堂教学质量就永远提不高，永远是低效的。特级教师、正高级教师的教学科研经验证明：观察课堂、研究课堂、改革课堂，是提高课堂教学质量最为主要的也是十分重要的一个渠道。所以，观察课堂的根本目的，是为了研究课堂、改革课堂，是为了解决课堂教学中普遍存在的长期难以解决的问题，最终是为了让学生在课堂上轻松愉快地、生动活泼地、优质高效地学习。

二、观察研究什么

（一）以观察自己的课堂为主，也可以观察别人的课堂

用心观察自己的课堂：教师根据自己要研究解决的问题，经常留意观察自己的课堂，思考自己的课堂，不断获得课堂事实，积累课堂材料，把握课堂学情，研判课堂问题成因，解决课堂问题。

经常观察别人的课堂：带着虚心学习、研究解决问题的目的，去观看聆听别人的课，看看别人是怎么教、怎么解决课堂问题的。观课时，一是关注学生，从学生学习的状态，思考教师的教学。二是关注教师，从教师本人的示范、启发、指导，思考这样教学的效果。三是关注自己，转换角色，设身处地思考，假如我来上这一课，我站在这个讲台上，该教什么、如何教、如何解决这一问题呢？假如我是学生，学习这一课，该主要学习什么、如何学习、如何解决教学中的问题呢？看了别人的教，反思自己的教；看了别人的课，反思自己的课。这样，不仅有助于自己的教，而且更有助于解决自己正在探究的问题。

（二）课堂上可以观察研究解决的问题

1. 可以研究解决学生"学"的问题

学生课堂语文听课学习的兴趣问题；学生课堂语文学习的自主性问题；学生课堂语文学习的过程方法问题；学生课堂上语文学习的习惯问题；学生课堂上合作学习的问题；学生课堂上朗读课文的问题；学生课堂上背诵课文的问题；学生课堂上复述课文的问题；学生课堂上写字的问题；学生课堂上发言的问题；学生课堂上学习情绪的问题；学生课堂上学习注意力的问题，等等。

2. 可以研究解决教师"教"的问题

观察自己的课堂，从学生的"学"可以悟出教师本人的"教"；也可以边教边"看"自己——听自己的朗读，听自己的讲解，看自己的板书，感受自己的讲课行为、状态、情绪等。观察别人的课堂，既可以从学生的"学"看教师的"教"，又可以直接从教者身上看教师的"教"——课堂上教师的示范教学问题，如朗读示范、背诵示范、复述示范、写字示范、写作示范；教师课

堂教学的指导问题，如讲解的准确、精要、生动，启发的适时、精准、有效；教师课堂教学的内容问题，如课堂上教师是主要教语言文字运用，还是主要教思想内容理解；教师课堂教学的情感问题，如教师有情感投入吗，能感染学生吗，能与学生和谐相处吗，师生能融为一体吗，教师能理解尊重学生吗；教师的板书问题，如写字的工整、漂亮，设计的美观、大方，板书的启发、引导。观察思考别人的"教"，最终还是为了解决自己的"教"。

三、怎样进行观察研究

（一）有观察研究的意识

平时要有观察研究解决教学问题的意识。带着研究的问题去上课，带着研究的问题去观课。这样的上课，这样的观课，有了研究的意味，致力于问题的解决，促进了课堂教学。

（二）是什么，为什么

不论是观察自己的课堂还是观察别人的课堂，不论是观察学生还是观察教师，观察者针对观察对象，要思考：是什么——被观察者是什么样的状态，有什么样的表现，出现什么样的结果，这些要看个明白；为什么——被观察者为什么有这种状态，为什么有这样的表现，为什么有这样的结果，他心里是怎么想的，是什么原因造成的，这些要想个清楚。对被观察者由表及里地把握了"是什么，为什么"，掌握了现象，把握了本质，才是扎实有效的观察。当然，观察别人的课堂首先是虚心学习；其次是思考研究；再次是一分为二的分析，"择其善者而从之，其不善者而改之"。

（三）做好观察记录

观察自己的课堂，下了课（或当天）要回忆、记下师生在课堂上的表现，分析这种表现产生的原因。观察别人的课堂，课堂上要边观察、边思考、边记录。很多真知灼见，往往都是从眼前发生的现象中突然产生的。所以，不论是观察自己的课堂，还是观察别人的课堂，灵感要捕捉，记录要及时，分析要透彻，归纳要全面。特别要提醒的是：尽量有量化的分析——学生这种学习状态、学习表现，约占多大的比例？是普遍还是局部？教师的教学状态、教学表现的频率是大还是小？是个别还是一般？听了一节课，学生、教师是如此的表现，听了其他人的课，听了更多人的课，同样的表现多吗？普遍吗？

（四）整理观察记录

研究者就某一问题，对所进行较长时间观察研究的记录，进行归纳统计，分析概率，作出判断，得出结论。如经过观察研究，就学生在语文课堂上学习兴趣的问题，最后得出结论：第一，当前学生在课堂上学习语文的兴趣，从总体来说是良好还是较差，或是一般。学习兴趣较差或一般，都不是我们想看到的，是必须研究解决的。第二，学生语文学习兴趣较差，原因有哪些——教师方面，学生方面，主要是教师方面。第三，最后得出结论：语文课堂上要激发学生语文学习的兴趣，必须从哪些方面进行改革——教师从哪些方面做，怎么做，学生应该怎么做，关键是教师应该怎么做。

（五）写出观察报告

观察研究报告，一般包括以下几个方面。

①报告题目——关于×××问题的课堂教学观察研究报告。

②题目的阐释——对这个题目的分析、描述、说明。研究的问题指的是什么，即这个问题的性质，要做进一步阐释、说明。

③观察的方法——课堂观察了多长时间，是一学期或一学年；观察了多少节语文课，自己多少节语文课，别人多少节语文课；观察自己的语文课用的是什么方法，观察别人的语文课用的又是什么方法。

④观察的内容——看到学生在课堂上的哪些学习行为表现，教师在课堂上哪些行为表现。

⑤观察的结果及其原因——最后得出的观察结果是什么，造成这个结果的原因有哪些，主要从教师身上找。

⑥提出教学改进的意见——得出了结果，分析了原因，最后应提出以后教学如何改进才能避免这种问题，才能解决类似问题，提高课堂教学质量。即教师在语文课堂上应该教什么，应该怎么教，才能抓住学生的心，吸引学生，让学生学得主动，学得积极，学得高效。

第二节　广泛调查

没有调查就没有发言权。这几乎是挂在人们口头上的一句话。调查研究，即把真实的情况呈现出来，表达出来，并对这些客观存在的真实情况进行分析，说明性质特点，探求原因，从而为改变客观现状、解决矛盾问题提供切实可行、很有说服力的事实依据和办法。调查研究是一种更深入、更精细、更广泛、更具体的研究，它的专题性更强，目的性更强，方法也更科学，它是广大教师摸清教育教学中的真相、找到教育教学问题的真因、提出解决问题的真知灼见而经常用到的一种研究方法。

一、为什么要进行调查研究

调查研究是为了摸清真相，把握事实。事实胜于雄辩。一切真理、一切理论、一切办法，都要来自于事实，同时也都要服从于事实，服务于事实。我们占有了事实，工作方法切合于事实，这是我们做好教育教学工作的法宝。客观事实不可能主动呈现于我们面前，我们必须通过耐心、细致、充分地调查，才可能把握事实，明白真相。

我们党历来重视调查研究。从实际出发，实事求是，讲究实效，是我们党历来的光荣传统和工作作风。早年毛泽东同志调查湖南农民运动，中华人民共和国成立后，刘少奇、彭德怀、周恩来、邓小平等同志调查"大跃进"时期的农民生产、生活真相，现在我们党中央政治局常委每年都要频繁地下到基层走访、调查。正因为我们党历来重视调查，党的领导同志身先士卒，带头调查，因此才确保了我们党方针政策的正确性，让我们国家少走了许多弯路。调查研究是我们党治国理政非常珍贵的一条经验。同理，调查研究也应该成为我们广大教师从事教学科研工作非常珍贵、非常重要的一种研究方式。为什么这么说呢？从学生来说，教师教书育人，提高质量，调查学情，把握学情最重要；从教师来说，克服浮躁、贴近学生、科学育人，调查研究也是一剂良药。事实证明：哪位教师眼睛向下，关注学情，与学生打成一片，与学生建立了真挚的感情，哪位教师就能教好书，育好人，取得教学科研的成功；反之，哪位教师眼睛向上，目中无人，埋怨学生，与学生关系非常紧张，那么这位教师就很难获得教学科研的成功。

二、调查研究什么

调查研究是一种探索事实寻找真相的研究，它具有很强的求实性。相对于静态课堂观察研究，调查研究具有动态的、广泛的、综合性特点。调查研究的内容，一般应包括以下几个方面。

（一）学生学习方面

学生阅读课外书现状的调查（低、中、高年级）；学生口语交际能力发展状况的调查（低、中、高年级）；学生积累作文素材情况的调查；学生绘本阅读现状的调查；学生写日记情况的调查；学生语文书面作业的调查；学生语文综合性学习能力的调查；学生写字现状的调查；学生学习汉语拼音情况的调查；学生学习略读课文情况的调查；学生学习自读课文情况的调查；学生使用工具书情况的调查；学生学习语文方法的调查；学生学习语文习惯的调查；学生学习语文兴趣的调查；学生厌学情况的调查；学生学习动机与理想信念的调查，等等。

（二）学生活动方面

学生的课外活动与语文学习有着密切的联系，它从方方面面影响着学生的语文学习。比如，学生每天中午活动情况的调查；学生每天下午放学后活动情况的调查；学生每天在校活动情况的调查；学生星期六、星期天活动情况的调查；学生暑假生活情况的调查；学生节假日活动情况的调查；学生每天睡眠情况的调查；学生每天饮食情况的调查，等等。

（三）学生家庭教育方面

良好的家庭教育，会促进学生的语文学习。比如，学生家长文化素质的调查；学生家长教育内容与教育方法的调查；学生家庭环境的调查；学生社区环境的调查；农村留守儿童家庭教育现状的调查，等等。

三、怎样进行调查研究

（一）调查研究的方式

1. 问卷

这是调查研究最常用的方式，方便实用。客观存在的许多真实现象，调查者如果当面向被调查者询问，被问者碍于情面，往往不讲真话。而书面问卷的方式就能打消被调查者的许多顾虑。使用这种方式要注意几点。一是问卷的编制。问卷的设计，既要问得全面，又要问得真实，是"真问题"；无记名问卷，确保答卷的客观性；问卷的开头，要写清答卷的要求，语气要真诚，言辞要恳切，以便取得答卷者的支持与配合；问卷的内容，要写得通俗易懂，清楚明白，问题不能模棱两可，含混不清，不能让答卷者产生误解。二是问卷的发放。问卷的发放，要考虑到被问者的广泛性。如果把问卷发给学生，要尽量顾及被问者的学校分布（城、乡）、年级高低（低、中、高）、性别差异（男、女）等因素。三是问卷的收回与统计。问卷要按时收回。问卷的统计是一项需要非常耐心、细致与精力的工作，要耐心做好，精心统计，准确核算，不能虎头蛇尾。

2. 访谈

访谈较之问卷的最大优势是可以追问，因此它特别适用于"深度调查"。使用这种方式要注意几点。一是准备好访谈提纲。先问什么，后问什么，主问什么，次问什么等，都要做到心中有数。视其回答的情况，还要预设一些机动灵活的问题。二是准备好记录工具。是纸笔记录，还是手机录音，视被问者的配合情况而定。三是也可采取不经意的访谈方式。这种方式是平时随遇而问，随处而问，方便灵活。这种方式的最大特点是自由、随便，不会让被问者产生戒备心理，但却能让被问者说出真话。四是不论是有备而访，还是随遇而问，问者都要热情主动，态度诚恳，和蔼可亲，营造一种和谐、轻松的访谈氛围，确保访谈的成功、高效。

3. 测验

测验也是一种调查方式，其实这也是一种更标准的问卷。不过，一定要把握好测验的目的是调查，而不是检查和考评。使用这种方式要注意：一是测验卷设计得科学合理，要紧扣《语文课程标准》，紧扣语文教科书。二是测验之前要向学生讲明，这是调研检测，不是课业考试，让学生轻松应测，真实答卷。三是做好测验结果的批阅与总结工作，为下一步的教学提供可资借鉴的事实依据。

4. 观察

观察也是调查研究的一种方法。静态观察，再加上动态的、广泛的调查，更能获得真实可靠的客观事实。观察研究在本章第一节已专门论述，在此不再赘述。

5. 电话调查

这是一种最方便的方法。使用这种方法，一是向被调查者讲清目的、内容，得到对方的理解与同意，并与对方商讨合适的时间。二是准备调查提纲。调查内容，要简明扼要，同时又不能漏项，以保证电话调查的简洁、有效。

（二）调查研究结果的分析

通过问卷、访谈、测验、观察以及电话采访等调查方式，最后要得出调查结果。调查的过程重要，对调查结果的分析处理，也同样重要。

1. 分析调查结果

分析调查结果，一是做好"由分到总"的工作。分——分项累计调查得来的数据；总——归纳总结数据反映的事实。二是对得出的事实进行分析——事实的有效性，事实的可信度，事实的成因，据此提出改进工作的建议。

2. 写出调查报告

不论运用什么方式的调查，调查分析之后，都要写出调查报告。一般来说，调查报告的撰写应按以下步骤进行。

（1）题目：关于×××情况的调查报告。

（2）调查的时间与方式——运用多长时间，运用什么方式，调查了这个问题。

（3）调查的内容——围绕这个问题，主要调查了哪几个方面的内容。

（4）调查结果的分析——由调查所得结果，分析产生这个结果的原因，得出几条结论或对这个问题的看法。

（5）提出改进的意见，解决存在的问题。

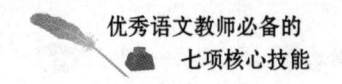

第三节 行动反思

日常行动反思研究，是教师自己研究自己，即行动者研究自己的行动，行动者反思自己的行动。行动反思研究是一种主观的、主体的、主动的研究，是一种方便易行、行之有效的研究。

一、为什么要进行行动研究

（一）行动研究是一种最真实的研究

行动研究是自己研究自己，是一种"主观"研究。主观研究，即自己思考自己，自己反问自己，自己解剖自己，自己检查自己，自己改变自己。自己心里怎么想的、怎么做的，自己最清楚。能骗住别人，但骗不了自己。所以，行动研究是一种最真实的研究。

（二）行动研究是一种最方便的研究

行动研究，即在行动中研究，在研究中行动。行动者以研究的姿态去行动，去工作，即为行动研究。教师把平时的教学行动与教学研究融为一体，不分不离，既节省成本，又方便研究，还一定能把工作做得更好。对广大的语文教师来说，问题即课题，行动即研究，反思总结即结题。所以说，行动研究也是一种最方便的研究。

（三）行动研究是一种最有效的研究

行动研究是一种反思研究。我思故我在。华东师范大学教授叶澜曾经说过："教师写三年教案，不如写一年的教学反思。"优秀教师的成长公式是：经验+反思。著名特级教师洪宗礼说："想，是一个总开关。" 法国思想家帕斯卡尔曾经说过，人，是一棵会思考的芦苇。这些话都是说人的本质特征是思考。总之，人如果只工作，不思考，不反思，不总结，他是永远做不好工作的。思可以促学，思可以促教，思可以加快自己的成长与发展。一个善于思考的人，尤其是一个养成了善于思考自己的习惯的人，一定是工作效率高的人，一定是能做出优异成绩的人。所以说，行动反思研究是一种最有效的研究。

二、行动研究研究什么

（一）研究备课

①备课时着重解析了语言，才能确保上课时着重教语言——备课解析语言的功力最能看出一个语文教师的语文素质，最能体现一个语文教师的文本解读能力。从总体来说，当前语文教师的备课，对文本的语言解析极为不够。许多教师沉不下心，深入不下去，自己不愿细读文本，仅仅依靠《教师教学用书》这个拐杖。语文教师研究备课，可以反思自己：我对文本的语言形式有自己独特的发现吗？在学生认为平常的语言中，我能从中看出不平常吗？我能准确而全面把握文本的语言文字运用吗？课堂上我引导学生学习文本的哪些语言文字运用现象呢？我用什么方法引导学生学习文本的语言文字运用呢？

②备课时研究了具体而真实的学情，才能确保课堂上因学定教，顺学而导——当前的备课存在一种忽略研究学情的误区。教师以概念化的、一般化的思想观念看待学生，认为学情没什么值得研究的。其实不然，正因为教师思想观念中存在着抽象的、笼统的学情，所以才在课堂上有了一刀切、大一统的教学，才产生大量的学困生、大量的厌学生。所以，我们要把研究学生这个教学对象，与研究教材一样对待，真正把握具体的学情，把握学生学习"这一课"的学情。我们心中有学生，心中有学情，心中爱学生，课堂上才能理解、尊重学生，才能让学生唱主角，才能以学生为主体，才能确保学生在课堂上积极有效地学习。

③备课时研究了教学活动设计，才能确保课堂上少走弯路，省时高效——凡事预则立，不预则废。研究教材重要，研究学生重要，而研究教学活动是否科学而有序地组织安排，同样重要。我们知道，语文课堂主要是"学的活动"展开，而"教的活动"是组织，是引领，是帮助。那么，根据我班学生的学习实际，学生应该先学什么，后学什么，重点学什么，难点攻什么，自主学什么，合作学什么等，教师心中都要事先有数。据调查，当前有许多语文教师对课堂上"学的活动"和"教的活动"，在课前并没有精心安排。打仗，没有在战前设计好"战略图"，怎么能打胜仗？上课，没有在课前设计好"教路图"，又怎么能上好课呢？

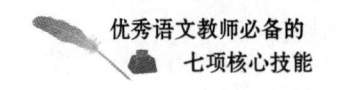

（二）研究上课

带着问题去上课、去行动、去研究，这样的上课更有价值、更有意义。

①带着朗读的问题去上课——我的学生朗读课文为什么总是不能让我满意，不能把学过的课文读得正确、流利、有感情？教师要反思：自己的朗读能打动学生吗？能给学生很好的示范吗？自己能引导学生品读语言、深刻体会课文的思想感情吗？自己指导学生朗读课文有妙招吗？能灵活运用朗读的停顿、重音、节奏、语调这四大技巧吗？

②带着语感的问题去上课——我的学生为什么对课文的语言感觉麻木不敏呢？为何对语言的言外之意体会不到呢？为何对课文的思想感情体会得不深呢？教师要反思：我自己的语感能力强吗？我有培养学生语感的方法与技巧吗？

③带着情感态度的问题去上课——我的学生为什么对学过的课文没有留下深刻的印象？为什么不能被课文中的人、事、物、景所打动？课文中的人文教育力量为什么总是那么软弱？教师要反思：课文人文教育力量的削弱，不是人文本身的问题，而是教师教学的问题。课堂上，我的朗读、我的讲解、我的引导、我的启发、我的情感，能激发学生吗？我的学生喜欢朗读课文吗？学生会边读边思边体会吗？我的语文教学注意与学生实际、与现实生活紧密结合了吗？一句话，我的教学"走心"了吗？

④带着作文的问题去上课——我们既然知道阅读是写作的基础，那么学生在写作中出现的许多问题都可以从阅读中去找。教师要反思：学生在作文中写不具体，我从阅读中引导学生分析、体会作者把文章写具体的方法了吗？学生在作文中写不出真情实感，我从阅读中引导学生揣摩、体会作者在文章中表达真情实感的方法了吗？学生在作文中出现语句不通、表达不当、叙述混乱，我从阅读中引导学生扎实有效地学习作者的语言文字运用了吗？一句话，我在阅读教学中有引导学生从读学写的强烈意识以及扎实有效的教学活动吗？

（三）研究作业布置

从目前来看，学生过重的课业负担，突出表现在作业负担上。学生放了学，放了假，有写不完的作业，做不完的"哈达卷"。"题海战"战犹酣，不知何时能休战？所以，减轻学生的课业负担，教师要从我做起，首先要从作业减起，教师应该反思自己的作业布置。

①研究作业的量与质——教师反思自己的作业布置，主要看作业量的大小，质的高低。要给孩子减少作业量，必须提高作业的质，这样才能确保知识的有效巩固，能力的历练提升。教师所要研究的是：要对作业布置进行精心设计。哪些题学生该做，哪些题学生可以不做，可做可不做的干脆不让学生做。教师一定要杜绝过去那种"撒网式"的作业布置办法。教师要根据课堂上学生掌握知识的情况，有的放矢、有针对性地给学生布置作业。学生在课堂上如果已经完全掌握了所学的知识，也可以不给学生布置课外作业。教师要反思：怎样避免"撒网式"的作业布置办法？怎样对练习题进行合理的取舍？怎样根据本班学生的学情实际，有区别地布置作业？即有的学生可以多做几题，有的学生可以少做几题，甚至有的学生可以一题不做；这些学生可以做这几题，而那些学生应该做那几题。以上这些都需要教师认真地研究。

②研究题型的新与活——作业布置减量提质，可以让知识得到有效的练习与巩固，而题型设计的新颖活泼，则可以让学生对作业练习产生浓厚的兴趣。这方面教师所要研究的是：如果运用手头的作业册、课课练，而上面的题型在质量上、在形式上不太如意，那么教师应该考虑设计出更切合本班学生学习实际的、让本班学生更加喜欢做的练习题。对练习题的重新设计与研究，有大量的工作要做。正因为教师花费了大量的心血进行了设计，所以功夫才不负有心人，才会让学生写作业、做练习以少胜多，省时高效，快快乐乐！

行动研究的内容比较广泛，仅列以上三个方面举例说明。教师可以根据本人教学的实际，侧重研究教学的某一方面问题。

三、怎样进行行动研究

（一）要有行动方案

行动研究不是一般的行动，而是有目的、有计划的行动，是瞄准问题，解决问题，改善教学的行动，因此行动之前应该有一个整体安排，制订行动方案。行动研究具有针对性——为解决教学中的问题而行动。行动研究具有计划性——一学期、一学年、两学年等。行动研究具有可操作性——目标明确，

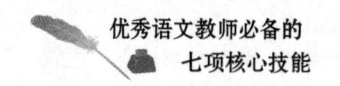

方案具体，步骤清楚；先干什么，后干什么，一目了然。

（二）要有研究意识

既然有了行动研究的任务，也制订了行动研究方案，那么就应该在行动中落实。千万不能头脑发热，只想不做。因此，平时在教学工作中应该想着研究的问题，用心行动，不断反思，不断强化行动研究意识，提高行动研究质量。

（三）要有开放思想

行动研究虽然主要是教师本人在行动，是教师解决自身存在的问题，具有明显的独立性，但也要有开放的思想，不能总是关起门来，不能总是独立行动。一是与学生合作，让学生与教师一起行动，师生同心，同舟共济，共同研究，共同改变。二是与同事合作，邀请同事走进自己的课堂听课，帮助自己发现行动中的问题，矫正行动。教师也可以走进别人的课堂听课，看看别人对这个问题是怎么解决的，别人是怎么行动的。三是与学校合作，取得学校的理解与支持，让学校领导把行动研究专家请进学校，予以指导。

（四）要有阶段性总结

围绕一个专题进行行动研究，往往要研究一学年、两学年等。行动研究不能是到最后才"算总账"，中间要有阶段性总结。比如一学期，要总结一次，一学年也要总结一次。只有不断地进行阶段性总结，不断地"回头看"，才能及时发现研究过程中的问题，及时解决问题，确保研究健康而顺利地"行动"下去。

（五）要能持之以恒

当前学校里教学以外的杂务事很多，而这些与教学无关的杂务事，不仅一个接着一个，而且还时间紧，任务重，要求严，它们甚至比教学业务还重要，还紧迫。所以，教师在行动研究中一定会遇到来自研究本身以及研究以外的困难。这些困难往往把教师弄得筋疲力尽，心灰意冷。这种情况下，教师千万不能泄气，要坚持住，要下定决心，不畏艰险，排除万难，去争取胜利。教师要努力把不利于研究的因素降到最少。就研究自身来说，往往会发现这样一种现象：我行动了一段时间了，总见不到明显的变化，看不到效果。这时，教师要反思研究本身，方向是否对头，方法是否正确。同时还要想到，教学中的行动往往不是立竿见影,不是很快见效的。所以,行动研究者具有坚持精神,具有顽强的毅力,显得特别重要。

(六)要分析行动结果

1. 行动研究的结果,主要是分析研究对象发生的变化

行动研究是问题解决的研究,是一种目的性很强的研究。经过一两年或者两三年的行动,研究的结果怎么样呢?问题解决了吗?目的达到了吗?这主要分析研究对象所发生的变化——教师备课时文本解读水平的提高,课堂教学设计能力的提高,课堂上学生朗读课文能力的提升,语感能力的增强,作文水平的进步,作业练习的优化,以及学生对语文学习态度的转变等。教师要不忘初心,审视过程,分析变化:变化了吗?变化多少?达到行动之初制订的行动目标了吗?

2. 行动结果的原因,主要是分析教师的教学行动

经过有目标、有计划的行动,教师的备课、上课以及学生的学习都取得了理想的效果,行动目标达到了,教师要总结经验,发现规律,为今后的教学做指导;经过行动,如果变化不明显,目标未达到,教师要总结教训,找到不足,为继续行动做借鉴。

3. 写出行动研究报告

(1)要实事求是。

行动研究的生命在于解决问题。从实际上讲,行动研究主要在于实现行动的目的,解决存在的问题,这不是一件容易的事。在目前的教育外部环境与教育内部环境下,行动研究到最后能真正达到行动目的的,教师的教学行动确实有较大的改变的,学生的学习行动也确实有大面积的、明显变化的,并不多见。恰恰相反,言行不一,只说不动,遇难而退,虚假而行,资料先行,东拼西凑,有一说十者,却是很多的。所以,写行动研究报告,首先要注意的即是真实。有一说一,有二说二,不能无中生有。即使行动失败了,把教训写出来,也很有必要,对自己、对别人都能引以为戒。许多名师在向教师做报告谈经验时,往往谈的主要是教训,比如于永正、于漪老师等。名师的这种风范,这种严于

解剖自己的精神，值得我们每个行动研究者学习。

（2）要合乎规范。

规范的行动研究报告一般包括以下事项：①报告的题目：关于×××问题的行动研究报告。②报告的背景：即为什么要研究这个问题。③研究的内容：即对问题的分解与展开，对具体研究内容的描述。④行动的计划：从什么时候开始进行行动的，经历了几个阶段，每个阶段研究什么，如何研究的。⑤研究结果分析。⑥成果推广建议。

第四节　科研课题

从一般意义上讲，观察研究、调查研究、行动研究，是围绕一定的问题（课题）所进行的研究，也可以叫做课题研究。但是，这三种课题研究，都具有教师个人独立性的特点、自主性的特点，一般情况下，一个人可以独立完成，可以自主研究。而这里所说的教育科学课题研究，就不是一人能够独立完成的，需要多人合作，集体攻关。研究的时间也比较长，一般为2—3个学年。观察研究、调查研究、行动研究，一般是日常教学科研中比较易做的课题，而真正的教育科学课题研究，则是教育教学中比较难做且比较重要的课题。所以，教育科学课题研究，科研的意味更浓，创新的意义更大，它对课程改革的意义和作用也更大，是广大教师尤其是高职称教师应该掌握的一项教育科学研究技能。

一、为什么要进行教育科学课题研究

（一）解决课改中的重大问题，推动课程改革向纵深发展

教育科学课题研究，就是运用教育科学的方法，研究教育教学的现象，探索教育教学的规律，为教育教学改革提供科学的依据和正确的方法，进而推动教育教学发展。新一轮课程改革正在如火如荼地开展，在课改的进程中，出现了这样或那样的现象，存在着这样或那样的问题。理解课改现象，解决课改问题，必须经过探索研究。课改当中的问题必须经过反复论证，确立为课题，然后借助科学的方法与手段，有目的、有计划地进行严肃而认真的研究，直至

把问题解决，推动课改向纵深发展。

（二）提升学校教学质量，促进学校整体发展

科研兴教，科研兴校。哪所学校的领导重视教育科研，支持教师研究，学校有课题，教师有研究，教育科研生机勃勃，教研活动丰富多彩，那么这所学校的领导一定是热心教育、事业心极强的，这所学校一定是有活力、一定是蓬勃发展的。这样的学校也一定是有美好未来的。所以，课题研究，不单是教师个人的事，不仅有利于教师的教学，促进教师发展，而且也是学校的事，是学校发展的大事，是学校荣誉的事，是有利于学校兴旺发达的事。希望广大的校长们，要高瞻远瞩，着眼大局，从学校的前途考虑，从学校的大计着想，支持教师立项，进行课题研究，做好教育科研工作。

（三）提升教师研究能力，促进教师专业发展

教育科学课题研究即为科学研究。在研究过程中，研究者要学习科研理论，掌握科研方法，进行科研实践，解决科研问题。研究者每研究了一个课题，其科研能力就提高了一个层级。事实证明，凡是实实在在主持过课题研究的教师，其科研能力、组织能力、合作能力、学习能力、写作能力以及论证、分析与解决问题的能力，都比过去有了明显的变化，专业水平有了明显的提升。

二、课题研究可以研究什么

教育科学课题研究的内容非常广泛，既可以研究教育活动问题，也可以研究教学活动问题。就教学活动来说，既可以研究课堂教学，也可以研究学生课外语文学习，以及教师课堂以外的教学工作。有一点要说明的是，课题研究的范围虽然广泛，但所研究的课题，必须非常有意义、有价值，是教育界长期存在的问题，是关涉大局、普遍存在的问题，是广大教师都比较关注的非常典型的问题。

（一）研究师生的课堂教学

语文课堂教学中，学习语言文字运用的研究；语文课堂教学中，学生自主学习的研究；语文课堂教学中，学生合作、探究式学习的研究；语文课堂教学中，教师教学创造性的研究；语文课堂教学中，学生语感能力培养的研究；

语文课堂教学中，读写结合的教学研究；语文课堂教学中，提高语文核心素养的研究；语文课堂教学中，落实社会主义核心价值观的研究；语文课堂教学中，情感、态度与价值观教育问题的研究；语文课堂教学中，有效利用多媒体的研究；语文课堂教学中，"以读为主"的模式研究；语文课堂教学中，"以写导读"的模式研究；语文课堂教学中，尝试教学的研究；语文课堂教学中，培养学生辩证思维能力的研究；语文课堂教学中，思维导图的应用研究；语文课堂教学中，培养学生创新精神、实践能力的研究；语文课堂教学与其他学科融合的研究；语文翻转课堂的研究，等等。

（二）研究师生课外教学工作与学习活动

教师的课外语文教学工作，如以学习语言文字运用为核心的语文备课转型的研究；创新型的语文作业设计的研究；语文考试与评价改革的研究；教师"下水作文"的写作与运用的研究；教师课外语文读书学习活动的研究；语文教师继续教育培训内容与培训模式的有效性研究等。学生的课外学习活动，如学生阅读课外书有效性的研究；小学生语文学习与生活结合的研究；小学生课外语文学习活动的研究；影响学生语文学习校外因素的研究；小学生课外网上学习的研究；城乡小学生课外学业负担比较的研究等。

三、怎样进行教育科学课题研究

进行教育科学课题研究，一般要认真而有序地做好以下几件事：选题—开题—研究—结题—推广。

（一）选题

选题，即从教学中存在的众多问题中，经过调查、论证，选出比较有研究意义、有研究价值的问题，作为课题，进行研究。所谓"对课题的论证"，即经过调查、比较、讨论，广泛征求意见，同时还要查阅资料，看看别人对这方面问题是怎么说的，看看别人对这个问题是否已经研究，研究到什么程度，是否还有研究的不足与空白等。所谓"论题有研究的价值"，即这个问题是大家普遍存在的，长期存在的，是大家都比较关心的，都感到比较困惑的，而且这个问题的解决，对促进教学的长足发展非常有意义，并且还是本人和自己的团队有能力可以研究解决的问题。总之，课题选择与论证非常重要，它决定着课题研究方向的正确与否。所选定的课题，从研究要求上说，既要符合语文课程改革发展的大趋势，还要切合语文课程实践的需求；从研究力量上说，是学校和研究者力所能及的，可以完成的。许多教师由于选题不慎重，方向不对头，研究无意义，以致在研究的过程中半途而废。这是十分可惜的事情。

一般来说，选题之后还要做好几件事。一是建立课题组。课题组由主持人和研究成员组成。主持人一般为2人。确定主持人的标准，应该是那些有热情、有干劲、有事业心、有研究能力，比较优秀的教师，这样的教师还要有一定的领导能力、组织能力以及合作能力。研究成员有主要研究成员和一般研究成员。主要研究成员为6—8人，一般研究成员不限。二是填写《立项申请书》。《立项申请书》主要包括研究的背景、研究的内容、研究的方法、研究的步骤、阶段性成果形式、最终成果形式等。《立项申请书》要经过单位领导审阅、签上同意研究的意义。三是课题申报。即把《立项申请书》呈报给上级。申报的省级立项课题，要报省教育科学规划领导小组办公室；申报的市级课题，要报市教育科学研究所。待课题审批同意研究后（特殊情况下，不一定需要等待课题漫长的批文），便进入下一步的课题开题工作。

当然，也可能有只研究、不申报的情况。有些学校与教师，只想做研究，解决实际存在的问题，不打算把课题申报给上级。这也未尝不可。不过，即使只研究不申报，也要在研究之前对课题相关的问题（诸如研究的背景、内容、方法、步骤、预期成果等）有一个周密的考虑，这样能确保研究的成功。

总之，申报课题是主动接受上级领导与专家对研究的监督、管理与指导；不申报课题要加强自我监督、自我管理、自我指导，以防课题自生自灭，保证研究始终如一。不管是申报的课题还是自行研究的课题，关键看研究的过程与结果。申报研究的课题，不认真地做，也不能取得预期的结果；反之，自主研究的课题，实实在在做了，也能取得理想的研究成果。

（二）开题

开题，即是在选择了课题、建立了组织、经过审批（自行研究的课题例外，特殊情况下例外）、确定了研究之后，要做的第一项工作。也就是正式进入研究的过程之前，要召开开题会。召开开题会要做好几件事。

一是参加人员：主持人、课题组成员，包括主要研究人员及一般研究人员；

学校校长以及分管校长；学校教科室负责人；还有上级教育科研主管部门，如教科所、教研室的专家等。二是明确开题会的目的、任务：开题会既是告知会，也是培训会。开题会让所有参加会议的人员知道我们在做什么课题的研究。开题会可以让课题组成员明白研究的任务、担当的责任，以及怎样研究等。开题会也可以让上级领导与专家明白指导的任务，管理的职责等。三是主持人作开题报告。开题报告一般包括这么几个部分：问题的提出；研究的目的；研究的内容；研究的方法；研究的计划；预期的成果等。四是上级领导与专家作指导讲话。上级领导与专家听了主持人的开题报告（或主持人事先把开题报告呈送给上级领导与专家，让他们提前审阅），提出指导意见。五是学校领导做表态讲话。开题会的最后，学校领导的讲话要表示从各方面大力支持该课题的研究，以鼓舞研究人员的士气，提升研究人员的精神，同时也让上级领导与专家对该课题的研究放心，相信课题所在单位与教师有能力完成此课题。

（三）研究

我们知道，课题研究关键是"研究"。课题的选择是保证方向正确；课题的开题是保证开端良好；而课题的研究则是确保研究任务的如期完成。课题的"研究"阶段，我们要做好两件事。

第一件事：扎扎实实地做好过程性研究工作。

过去的课题研究存在着"两头紧，中间松"的毛病。即开题时热热闹闹，轰轰烈烈；结题时东拼西凑，忙个不停；而中间的研究阶段却无人问津，冷冷清清。这是一种虚假的课题研究。我们既然选择了"真课题"，那么就应该"真研究"，最后得出"真成果"。扎实做好课题研究工作，要注意以下两点。

①主持人负起总责：课题能否做得扎实，任务能否完成，主持人起到关键作用。主持人要加强领导，科学指导，经常督促，发现渎职及时问责，遇到问题立即解决。

②课题组成员各负其责：做课题绝不只是一两个主持人的事，而是需要主持人与全体课题组成员协同作战，共同努力。做课题，主持人不是"光杆司令"；成员也不是"只报名，不出征"。全体课题组成员，要各管其事，各负其责，齐心协力，共同研究。

第二件事：不能忽视对课题的监管工作。

上级教育科研管理与指导部门，在过去在课题管理工作中也存在着"两头紧，中间松"的毛病。即课题申报时，发文件，下通知，忙乎一阵子；课题验收时也是发文件，下通知，又忙乎一阵子。至于课题研究的过程当中，却无人提及，无人问津。由于中间缺乏强有力的外部监管，也无怪乎许多课题存在着轻视研究过程的严重问题。不能忽视对课题的监管工作，要注意三个方面。

①课题研究者加强自我管理：这里主要是学校领导与课题主持人。其实，真正的管理，还是自我管理。每个课题组都要加强自我监督，自我管理，主持人要调动全体成员的研究积极性，把课题研究变成每个人的自觉行动。

②上级主管部门加强监督管理：基层的课题审批过了，发文同意立项研究了，但不能从此就撒手不管了。上级教育科研管理部门，千万不能认为课题研究是各个学校、各个主持人自己的事，不能是"放羊式"的管理。要经常督促、检查或抽查，经常举行答辩会、研讨会、开展竞赛活动，以保证各个课题的正常研究。

③课题研究管理的形式与内容：不论是课题研究的自我管理，还是上级教育科研部门的管理，课题管理的形式与内容一般有以下几个方面。

a. 子课题答辩：开题会结束后，任务已经分配下去，给一定时间让子课题负责人做准备，开展初步的研究，然后集中全体成员，开展子课题答辩。先由子课题负责人阐释自己的研究思路，然后由课题负责人质询相关问题。这样做的工作，一是督促子课题负责人加紧研究，二是让全体成员了解整个研究的内容框架。b. 研讨会：围绕课题研究中的关键问题、难点问题，召开研讨会。研讨会上，课题组成员汇报自己的初步思考，然后由主持人或请来的专家，对这些问题进行指导。c. 论文报告会：围绕课题研究的内容，成员们进行了一定的研究，写出了研究论文，由作者在论文报告会上进行宣读。这种形式让大家相互启发，相互促进，能深化研究。d. 论文评比：对课题组成员提供的研究论文进行评比，以起到鼓励、督促的作用。除了以上四种，课题管理形式还有成果展示会、现场研讨会、课堂教学大赛等。

（四）结题

结题，即课题研究结束的总结。结题工作十分重要。做好结题工作是课题研究善始善终的表现，是认真落实研究计划、扎扎实实研究的体现。过去一些课题研究者，由于虚化了研究过程，没有脚踏实地地做研究，几年过去了，没有任何成果，因此也不提结题的事了。即使上级教育科研管理部门下发课题结题验收的文件，让他们申报结题，他们也不申报。半途而废的课题研究，不在少数。这种有始无终、虎头蛇尾的课题研究现象，是我们坚决反对的。做好结题工作，主要包括以下几件事。

①搜集整理成果资料：阶段性成果资料，以及最终研究成果资料。

②撰写两个报告：一是《课题研究报告》，主要是课题研究本身的研究总结报告，它具有很强的学术性，这个报告体现了研究的学术价值、学术过程和学术性的研究成果。二是《课题研究工作报告》，即为了做好这个课题，研究者做了什么工作，开展了什么活动，研究者是怎样做这些工作的、怎样开展这些活动的，研究者从课题研究的过程中，收获了哪些做研究的经验和教训。

③填写《课题结题鉴定书》：呈报给上级课题管理部门，并作为课题验收的成果之一。

④召开结题报告会：也叫做课题成果鉴定验收会。会议由上级课题管理部门组织召开。会上，课题主持人介绍课题研究过程及所取得的成果，一般是向鉴定专家宣读《课题研究报告》，课题组的其他成员也可以作补充介绍，之后是专家审阅课题组呈报的结题材料，即课题研究的成果材料，然后是课题组成员听取专家的质询，最后由专家作出是否同意结题的决定。

（五）推广

推广，即把课题研究成果推广出去，把经验介绍出去，与同行相互交流，相互学习。做课题，出经验，是为了运用，充分发挥其研究的价值。课题推广很有必要。课题成果推广的方式主要有：一是发表或出版研究报告；二是参加教育科研成果交流会议，在会上宣读研究成果；三是教育行政主管部门召开专门的课题研究成果推介会，发挥成果的辐射与指导作用。即取得的研究成果首先在本校运用，或在本地区其他学校、其他班级运用。本校、本地区先用先行，总结经验，逐步推行，普遍应用，以发挥科研兴教、科研兴校的重大作用。

本章四节谈论的是教学科研技能。课堂观察、广泛调查、行动反思，与最后一节教育科学课题研究，虽然都属于课题研究，都是为解决教学问题所做的研究，采用的研究方法也是互通的，尤其是后一种课题研究要运用前面介绍的几种研究方法，但它们还是有不少区别的。①从解决问题的大小来说，前三种课题研究，一般为解决日常教学的问题，是小课题研究，而后一种课题研究，是解决教学中比较大的问题，是大课题研究。②从研究时间的长短来说，前三种课题研究，可以是几个月、一学期、一学年，少数为两学年，而后一种课题研究，少则两学年，多的有三学年，或三学年以上。③从参与研究人数的多少来说，前三种课题研究，1人可以独立完成，而后一种课题研究一般为6—10人，或更多。④从研究过程的难易来说，前三种课题研究，方法单纯，过程简单，而后一种课题研究，方法、程序都比较复杂。⑤从研究的价值来说，前三种课题研究有研究的必要，而后一种课题研究要比前三种更有价值，更有必要，对促进语文教学改革，推进语文课程的健康发展，会发挥更大作用。

老师们，我们做教学科研，既可以做前三种，也可以做后一种，当然它们不是截然分开的。我们不论做哪一种课题研究，只要脚踏实地，严肃认真，以终为始，持之以恒，都能做出成绩，都能促进我们的专业成长与发展。

第五章

教学阅读技能

教学阅读技能，即语文教师读书技能。语文教师的读书，不仅是指阅读语文教科书，而且还指阅读语文教科书以外的所谓"闲书"。语文教师读好教科书，那是语文教师教学分内的事，是语文教师人人必须具备的教学基本功，是确保语文教师上好语文课的基础；而语文教师阅读大量的教学以外的"闲书"，不仅能让语文教学锦上添花，而且还会促进语文教师的专业成长与发展。

语文教师应该读哪些书，可以说仁者见仁，智者见智，众说纷纭。大家一谈到语文教师的读书，都说应该读教育名著、读教育经典。不错，但教育名著、教育经典又是两个比较宽泛的概念，是两个内涵十分丰富的概念，这让教师们也不好把握。我觉得，考虑到语文教师平时教学任务比较重、时间比较紧的情况，语文教师的读书原则上应该是以少胜多，应该读那些最关键、最重要、最必读、最有用的书籍。谁都会说教师读书越多越好，但是从实际看，能够真正做到大量阅读的教师，又有几人呢？所以，我们应该少说些漂亮话，多做些实际的事，多做些我们力所能及的事。总之，语文教师应该先重点读几本最当紧的、为专业发展垫底的书。至于语文教师应该怎样读书，总的原则是：读思结合、读用结合、读写结合。即读书与思考相结合，读书与教学相结合，读书与写作相结合。教师只要下定决心想读书，是不缺少读书时间的；只要读起来，读进去，坚持读，是会找到行之有效的读书方法的。语文教师首先应该读哪些最当紧的书呢？

第一节 读教育学

有的教师会讲，我们在读师范的时候，早已读过教育学、心理学了，现在无须再读这两种书了。那么，今天我为什么还建议老师们读这两种书呢？

一、今天为何重读教育学

老师们读师范的时候，确实都读过教育学、心理学了。但是，当了教师之后现在重读这两种书，与当年在学校里读这两种书的认识已完全不同了。这是因为读书的目的变化了。过去在学校里读这些书，那是为了考试，是为了毕业，而现在的读是为了教学，为了学生，为了让自己更快更好地成长与发展。由于读书的目的不一样，就带来了读书的态度、读书的行为、读书的效果也完全不一样。为了应付考试，为了能够毕业的读书，是一种急功近利而又被动无奈的读书态度，是一种死记硬背、强读恶补的读书行为，是一种只读皮毛、不懂实质、考过即忘的读书效果；而现在为了教学、为了学生、为了让自己更快更好地发展，再重读这两种书，是一种积极、主动、自觉的读书态度，是一种仔细阅读、深入思考、把握实质、学用结合、以用促学的读书行为，是一种将书中的理论、概括的规律、提出的原理、总结的方法，经过与教学实践相联系，内化为知识理论思想的读书效果。所以，教师们的读书，我建议首先读好教育学、心理学这两种最基础、最重要的书，这也是成为一名合格教师"入门券"的教学理论书。下面先介绍读教育学。

二、深化理解教育学

教育学是一门以教育活动为研究对象的学科。它是引导、培育和规范人的发展，是解决培养什么样的人和怎样有效培养人的问题。这门学科是随着社会的发展和人的发展而向前发展、不断变革的一门学科。从这几句话，我们便可进一步明确今天重读教育学的重要性。

教育学对教育活动现象及其问题的关注与研究对教育本质的揭示，主要表现在：一是揭示教育的规律。在研究教育的现象与问题、总结教育经验的基础上，揭示教育的各种可验证的客观性规律（包括宏观的和微观的），并阐明教育工作的原理、原则、方法与组织形式的有效性问题，为教育工作者提供理论和方法上的依据。二是注重探讨教育的价值。教育学不仅是一种有规律的活动系统，同时也是人们的一种有价值追求的活动系统。由于人们在进行教育活动时，总会自觉或不自觉地把自己对人生的意义与社会理想的选择和诉求作为出发点，形成教育价值观念，以引领和规范教育的发展和人的发展，因而，在从事教育工作、开展教育活动时，首先不能不认真探讨教育的价值问题，以选择正确的价值取向，制订合理善良的教育目的或要求。在现实社会生活中，并不存在只讲规律，保持价值中立或拒斥价值的教育。教育是一种主体性活动，需要依据相关主体的境况与诉求来关怀人的发展，它要对人发展的理想、目标做出应然的价值选择，对人发展的途径、方法做出应然的引领与限定。因此，以教育为研究对象的教育学又是一门探讨教育价值理念或教育应然状态的学科。三是重视探讨教育的艺术。教育是教育者与受教育者主体之间的互动。教育者有自己的经历、人生体验、教育风格。受教育者也是活生生的具有个性特征的人，他们对待教育者的影响并非被动吸取，亦步亦趋，他们有自己的主观意愿、感受理解，并会采取对策，做出选择。即使他们乐意接受的，也要经过他们的理解、认同、运用、改进和自我努力才能内化为他们的智能、情操，才能促进他们的个性自由全面地发展。因此，培养人的教育活动应该是充满天赋、灵性、潜能、能动、好奇与生气的活动，它没有固定不变的方式方法，切忌简单机械、强迫命令，而应是倡导循循善诱、因势利导、启发探究、心灵碰撞、沟通协调、机智灵活、自由创造的活动。在这一意义上，可以说教育是一门艺术，是最讲究教育方法与睿智，最注重关爱和调动学生内在向上的能力，最具创造性和个性的艺术。基于此，教育学也重视探讨教育的艺术。

总之，教育学以培养人的教育活动为研究对象，是一门研究教育现象、问题，揭示教育本质、教育规律和探讨教育价值、教育艺术的学科。它要回答培养什么样的人和怎样培养人两个基本问题，它的逻辑结构是"目的—手段"，它注重论述教育的基本概念和基本理论。

三、读一部高等教育国家级规划教材《教育学》

教育学类的书籍有多种，我们读哪种比较好呢？我建议读普通高等教育国家级规划教材《教育学》（第七版）。该书由王道俊、郭文安主编，人民教育出版社2016年6月出版。

这本书共有58万字，16章。其中论述"教学"的部分就有3章。该书另外13章论述的内容分别是：教育的概念，教育与人的发展，教育与社会发展，教育目的，教育制度，课程，德育，美育，体育，综合实践活动，班主任，教师，学校管理。该书有几个鲜明的特点：一是思想先导。为编写优质的教育学教材，王道俊教授及其团队近40年来始终坚持以马克思主义为指导，尽力体现主体教育思想，并在每个时期的教育学教材更新中，都得到越来越深入的贯彻和体现。二是定位高远。在科学地把握教育学学科特点的基础上，本教材特别注意教育思想理论中诸多矛盾对立面的统一，用历史的、发展的和辩证的观点来认识和梳理各种不同教育思想流派的观点，并上升到新的理论高度。三是底蕴丰实。本教材反映历代教育改革实践的经验智慧和大趋势，具有作为教育基础理论应保持的相对稳定的可靠性。四是与时俱进。本教材每次的修订，都积极更新理念和资料，反映教育发展与变革的新时代特征与新需求，尽力反映教育理论研究的精粹。

本书出版发行以来，受到广大师生的好评，曾获全国高等学校优秀教材奖、全国哲学社会科学优秀学术著作奖、国家图书奖提名奖、全国教育科学研究优秀成果一等奖、中国大学出版社优秀教材一等奖，并入选全国十大畅销书（文教类），获全国优秀畅销书奖（文教类）。所以说，该书是教育学类书中非常有权威的一本书。我们读教育学，就应该首先读这本书。下面从该书中摘出几段话，以供欣赏。

四、精彩书摘

第六章　课程

课程标准——它不仅是教材编制的基本依据，而且是编好教材的前提和不可或缺的一个环节；另一方面，它也是教师领悟与掌握一门课程的精神实质与学科体系，是深入理解教材，正确进行教学设计（备课）的有效工具。

教科书——教科书一般由目录、课文、习题、图表、附录等部分构成。课文是教材的主要部分，也是教材的基本部分，是教学的主要依据。教科书中的习题、实验、插图、注释与附录也是教材的组成部分，是学习、领悟、应用、掌握课文知识不可或缺的组成部分，教学中要充分加以利用。学生学会阅读教科书和运用教科书，不仅能有效地配合教学，提高教学质量，而且能为他们阅读课外读物，进一步掌握学习方法，学会学习奠定良好的基础。教科书也是教师进行教学的主要依据，它不仅为教师备课、上课、布置作业、评定学生的知识等工作提供了基本材料，而且为教师创造性地开发课程资源、在教学中联系社会生活实际提供了基础和依据。

新课程的基本理念——课程改革不是单一的教材改革或教学方法改革，而是涉及课程理念乃至整个教育观念更新的系统变革。新课程的基本理念有两条。一是倡导个性化的知识生成方式。课程改革的目标之一是积极倡导学生"主动参与、乐于探究、勤于思考",以培养学生"获取新知识""分析和解决问题"等能力。教师不再仅仅是"教教材",而是与学生一起探索"学生正在经验到的一切"。学习作为建构知识的活动,一方面成为学生不断质疑、不断探索、不断表达个人见解的历程;另一方面学习还超越原有的个人化行为,成为群体的合作行为,成为团队精神和群体意识发展的契机。二是增强课程内容的生活化、综合性。首先,加强课程与学生生活和现实社会的联系,课程要直接面向社会,与生活融为一体。其次,新课程在各学科知识和方法的基础上进行跨学科整合,努力软化学科界限,重建学科知识体系。最后,各学科课程都在尝试综合化的改革,强调科学知识与生活世界的交汇,理性认识同感性认识的融合。

第七章 教学(上)

教学的任务——一是掌握科学文化知识、基本技能和技巧;二是发展体力、智力和创造才能;三是培养正确的价值观、情感与态度。

学生掌握知识的基本阶段——近代教育史上,提出过不同的学生掌握知识阶段的学说,主要有两种模式:一种是以师生授受知识为特征的传授/接受教学,共有6个阶段:引起学习动机;感知教材;理解教材;巩固知识;运用知识;检查知识、技能和技巧。另一种是以学生主动探取知识为特征的问题/探究教学,共有3个阶段:明确问题;深入探究;做出结论。上述两种教学模式各有其独特的功能与局限,很难说哪一种更有价值、更为重要。在教学上,我们要扬二者之长,避二者之短。若期望学生便捷地掌握系统的基础知识与技能,则应以接受学习为主;若期望学生学得更加主动,更有创造性,在独立思考与情操意志上得到更大锻炼与提升,便要用探究学习才能奏效。片面强调其中一种而贬抑另一种,都会导致严重的后果。我们应当依据不同的教学目的、任务、内容的需要来选用,以便两种学习模式在教学工作中相辅相成,充分发挥其整体功能,以便全面提高教学质量。

第十五章 教师

教师的素养——一是高尚的师德:热爱教育事业,富有献身精神和人文精神;热爱学生,诲人不倦;热爱集体,团结协作;严于律己,为人师表。

115

二是宽厚的文化素养：丰厚的学科知识；多样的专业才能；广博的文化修养。三是专门的教育素养：教育理论素养；教育能力素养；教育研究素养。四是健康的心理素质：轻松愉快的心境；昂扬振奋的精神；乐观幽默的情绪；坚韧不拔的毅力。

第二节　读教育心理学

教育心理学是研究学习与教学心理规律的科学，它既研究动物和一般的人类学习，也研究学生的学习，但主要关注的是学生课堂学习与教学。由此看来，今天教师们重读教育心理学，也有十分重要的教育教学意义。

一、深化理解教育心理学

教育心理学不同于教育学等其他教育学科。教育心理学是教育学等其他学科的基础。它对其他学科的基础作用，可以归结为这样几点。①探讨学生学习的心理学本性，从而有助于确立正确的教育观点；②揭示各种学习的规律，为如何有效地实施教育的问题提供必要的科学依据；③研究考察学生学习的理论及技术，帮助教育工作者确切了解教育工作结果，以便总结经验和改进工作；④为有关教育学科的建设提供关于学生学习的科学依据，从而有助于这些教育学科的发展。鉴于以上各点，教育心理学不仅是所有教育工作者必须掌握的一门专业基础学科，也是许多教育学科的建设者所必须具有的专业基础知识之一。

教育心理学的主要内容：①学习理论；②学习心理；③知识的学习；④技能的学习；⑤规范的学习；⑥教学设计及其成效的考核与评估。以上内容，既反映了本学科的独特性，表明了本学科的发展方向，也满足了教育实践对学科的迫切需求。这是以学生的三种学习（知识的学习、技能的学习与规范的学习）为核心的一种教育心理学体系。

二、读一部数次获得国家大奖的《教育心理学》

教育心理学的书籍版本也比较多。我建议读由冯忠良、伍新春、姚梅林、王健敏合著的《教育心理学》。该书是由人民教育出版社2000年12月出版的。

该书与同类书相比，显著特点是"新"。具体体现在以下三个方面。

首先是观点新。全书是在贯彻教育心理学的"结构—定向—构建"观点的基础上写成的。作者认为教育是一种社会经验的传递系统，学生的学习是一种接受建构学习，能力与品德是一种类化了的个体经验。教育系统中的心理学核心问题是学生能力与品德心理结构的建构问题。在教育系统中，这些心理结构的形成，是依据有目的、有计划的经验传递，按确定的方向和要求（定向）构建起来的。

其次是体系新。作者依据能力与品德的类化经验说，认为教育系统中学生的能力与品德的形成与发展是通过对知识、技能和社会规范的学习而实现的。因此，知识的学习、技能的学习与社会规范的学习应该成为教育心理学的核心内容，教育心理学的根本任务就是要探讨这三种学习的共有规律和特有规律，从而为教与学全面提供科学依据。

最后是内容新。为了扩充视野并进行对比分析，作者尽可能广泛地收集了国内外的研究成果，但本书并不是资料的简单堆砌，而是以作者自己的理论观点和科研成果为主体。作为本书的主要内容，作者系统介绍了三种学习、五个方面的学习规律：三种学习，即知识的学习、技能的学习、规范的学习；五个方面的学习规律，即学习动机规律、学习迁移规律、知识掌握规律、技能形成规律和规范接受规律。

本书的观点、体系与内容独特而新颖，在阐述作者学术观点的同时，也广泛介绍了其他学者的研究成果。因此，本书既是一本具有独特学术价值的专著，又是心理系和教育系学生学习和研究教育心理学的教材，还可以作为各级各类学校教师进修和企事业单位进行员工培训的重要参考书。

本书首席作者冯忠良，1929年生，北京师范大学心理学系教授，博士生导师。冯教授已公开发表关于教育心理学理论与方法、学习心理、智育心理、德育心理及改革教育教学体制等方面的专著与论文40余种。其科研成果曾10余次获得全国教育科学优秀成果、全国人文社会科学优秀成果、北京市哲学社会科学优秀成果等奖励。本书的另外三位作者即伍新春、姚梅林、王健敏，都曾师从冯忠良教授读博士，他们也都是我国重点高校的教师，先后担任教育心理学课程的教学工作，是我国心理学研究方面的专家。本书还是冯忠良教授与他的30多名研究生、10位访问学者以及无数实验教师多年来的思考与积累，在教育心理学的理论与方法、学习心理、智育心理、德育心理、教学体制改革五个方面完成了200多项理论与研究的基础上写成的。

　　本书共有50万字，7编24章，分别是：第一编，教育心理学的科学问题（1—3章）——教育心理学的起源和发展，教育心理学的对象与任务，教育心理学研究方法。第二编，学习理论（4—8章）——早期的学习观点，学习的联结理论，学习的认知理论，学习的联结—认知理论，新近的学习理论。第三编，学习心理（9—12章）——学习的实质、机制与类型，学习与个体发展，学习动机，学习的迁移。第四编，知识的学习（13—16章）——知识及其掌握概述，知识的领会，知识的巩固，知识的应用。第五编，技能的学习（17—19章）——技能及其形成概述，操作技能及其形成，心智技能及其形成。第六编，社会规范的学习（20—22章）——社会规范及其学习概述，社会规范的接受过程与条件，社会规范的背离及其纠正。第七编，教学设计与成效考核（23—24章）——教学设计，教学成效的测量与评价。书稿完成之后，首席作者冯忠良教授发出感慨："从教五十年，几经风雨坎坷，拼搏一生，得此成果，来之不易。"我们向冯老先生"一生只做一件事"的专心致志、顽强拼搏的精神致敬！下面，从该书中摘录几段，以供欣赏。

三、精彩书摘

第九章　学习的实质、机制与类型

　　学生学习的根本特点：

　　一是学生学习的接受本性。从狭义的教育来说，学生学习的根本特点是接受学习，这是学生所处的教育系统的整体特性决定的。狭义的教育即教学，是一种经验传递系统，也是一种人际交往系统。在教育系统中，教师所处的地位是经验的所有者和传授者，其职能主要是传授经验。学生所处的地位是经验的欲得者和接受者，其职能主要是接受经验。违反这种系统的结构原理，经验传递也就难以实现，教育也就失去了本意。鉴于学生在教育系统中的角色地位，其学习必然是一种接受学习。

二是接受学习的建构本性。经验不是物,经验的传递也不同于物的传递,绝不能以物的传递模式来曲解经验的传递和接受学习。物的传递是以现成的形式进行的,即传递的对象不改变性质,不改变存在的形式,仅仅发生位置移动而已。在物的传递系统中,传递者处于主动给予地位,而接受者处于被动承受地位,传递对象在传递过程中不变质、不变形,接受者只需伸手、张口即可接受到。

经验的传递在本质上是不属于物的传递的,因为经验是主观产物,物是客观产物。在教学过程中,必须将经验进行一系列的变质、变形处理后,才能进行经验的传递。具体来讲,经验的所有者必须赋予其主观经验以某种客观形式,如能够被接受者感知到的声、光、具体形象与文字符号等,使它们成为要传递经验的物质载体。从经验的接受方面看,所接受并不是经验本身,而是传授者所发出的媒体和信号。若要获得媒体或信号所负载的经验、信息,接受者必须进行一系列的加工处理,将接受到的信息刺激进行各种形式、各种水平的生理与心理转换,要在头脑中进行一系列的编码、译码等活动。只有通过这一系列的建构活动,接受者才能获取信号所表示的意义,即形成经验结构。

总之,学生学习的根本特点是通过一系列的主动建构活动来接受信息,形成经验结构或心理结构。可是,在实际教育情境中,对学生学习的"接受—建构"这一根本特点,存在错误的理解,进而否定接受学习。有的将接受学习视为被动机械的学习,有的将接受学习与创造学习对立起来,这都是不应该的。

第十一章 学习动机

学习动机的激发——一是创设问题情境,实施启发式教学。二是根据作业难度,恰当控制动机水平。三是充分利用反馈信息,给予恰当评定。四是妥善进行奖惩,维护内部学习动机。五是合理设置课堂环境,妥善处理竞争与合作。六是适当进行归因训练,促使学生积极努力。

第十六章 知识的应用

知识应用的一般过程——一是审题。所谓审题,一般说即是了解题意,搞清问题中所给予的条件与要达到的目标。从心理学的观点来看,即分析问题的基本结构,在头脑中建立该问题的最初表征。二是联想。联想即由一种心理过程而引起另一种与之相连的心理过程现象。知识掌握过程中的联想即以所形成问题的表征为提取线索，去激活头脑中有关的知识结构。三是解析。解析即分析事物的矛盾，分析已知未知双方的内部联系，寻找解决矛盾的条件和方法。知识掌握过程中的解析即统一分析问题中各部分的内在联系，分析问题的结构，将问题结构的各部分与原有知识的有关部分进行匹配。这种匹配是通过对课题进行一系列的分析、综合，找到当前问题与过去的知识经验共同具有的本质特征而实现的。四是类化。类化也叫归类。即概括出眼前的问题与原有知识的共同的本质特征，并将这一具体的问题纳入原有的知识结构中去，以便理解当前问题的性质。类化是抽象知识具体化的最终环节，是在审题、联想与解析的基础上，揭示出当前问题与过去的知识经验所具有的共同本质特征的过程。

第三节　读哲学

教师读教育学，是为了从教育的自身特点出发，理解教育的价值，把握教育的规律，领略教育的艺术；教师读教育心理学，是为了从学生的心理特点出发，把握学生的心理，调整教学的思路，设计合理的教学，提升教学的效益。一句话，教师读这两类书，都是为了改善教学行为，提高教学质量。那么，教师读哲学有什么用呢？哲学又是一门什么学科？为什么各行各业的人都要读它？做政治的人要读它，搞经济的人要读它，著名的企业家要读它，研究科学的人要读它，从事教育教学的人也要读它。这是为什么呢？

一、教师为什么要读哲学

哲学是教人思考的学科，是给人智慧的学科。哲学是教人如何正确地思考世界，如何正确地理解世界，如何正确地观察世界，进而有效地改造世界，建设世界。人们从哲学当中学会了思考，有了哲学思维，懂得了认识世界的哲理，那么就能准确地把握世界。哲学作为人类把握世界的一种基本方式，它的首要特征，在于它是区别于常识思维、科学思维和艺术思维的哲学思维方式。哲学会告诉我们，这个世界是怎样的，怎样去看待这个世界。我们这里所说的"世界"，当然是客观存在的一切事物，诸如自然的、社会的、人的。教育也是一个世界，学生也是一个世界，教师也是一个世界。哲学就会告诉我们，如何运用哲学的思维、哲学的眼光，从更高更阔更远的视角，来审视教育，看待学生，把握自己。到那个时候，我们都可以以"哲人"的身份从事教育教学工作了，我们的教育和教学事业，将无往而不胜。

人们一旦进入了哲学的思考，便有了智慧的头脑。所以哲学家又把哲学称为一门"爱智"的学问。一篇令人深思的论文，一部使人玩味的小说，一番发人深省的话语，常常被人们赞之以"哲理"；一位目光远大的政治家，一位思想敏锐的科学家，一位独具匠心的艺术家，又常常被人们赞之以具有"哲学"头脑；甚至并无恶意的嘲笑某人故作深沉，亦往往戏言其作"哲人"沉思状。这似乎是说，"哲理"是智慧的结晶，"哲学"是智慧的总汇，"哲人"则是智慧的人格化。人们常常把哲学称作"智慧学"或"聪明学"，大概就是源于此吧！

的确，哲学贵高明。凡事望得远一程，看得深一层，想得透一成，阐幽发微而示之以人所未见，率先垂范而示之以人所未行，这既是人类智慧精华之所在，也是哲学之理或哲人之智的表现。

哲学究竟是一种怎样的智慧呢？哲学是爱智。"爱智"，是对智慧的追求和追问，是把智慧作为反思的对象。就此而言，"爱智"的哲学是使"智慧"成为哲学探究的"问题"：人的智慧是从哪里来的？人都有哪些智慧？人的智慧有多大？人的智慧为何能认识世界和改造世界？人类的知、情、意在智慧中如何统一……

爱智是"大智慧"。由热爱智慧和探究智慧而构成的哲学智慧，就不是回答和解决各种具体问题的"小智慧"和"小聪明"，而是关于人类生存发展和安身立命的"大智慧"和"大聪明"。这种"大智慧"和"大聪明"，按照中国传统哲学的看法，就是"究天人之际，通古今之变"，"判天地之美，析万物之理"，"为天地立心，为生民立命"；按照西方传统哲学的看法，就是"寻求最高原因的基本原理"，"提供一切知识的基础"，"发现生命的意义"和"使人崇高起来"；按照西方现代哲学的看法，就是解决"精神的焦虑""信仰的缺失""形上的迷失""人生的危机""意义的失落"和"人与自我的疏离"等问题；按照马克思主义哲学的看法，最根本的就是解决"现实的人及其历史发展"的问题。哲学是反思的智慧、批判的智慧、变革的智慧。

爱智的激情。热爱和反思智慧的哲学，来源于一种"抑制不住的渴望"。哲学的"爱智"激情，首先是一种驰骋人类智慧、探索宇宙奥秘的渴望。哲学的"爱智"激情，又是一种求索历史的谜底和推进社会发展的渴望。哲学的"爱智"激情，也是一种求索人生意义和追求理想生活的渴望。

亲爱的老师们，哲学是教人如何思考、如何寻求智慧、让人获得智慧的一门学问。人类有了智慧，人类社会会更文明。政党有了智慧，政党所领导的国家会越来越强大，越来越富裕，人民的生活会越来越好。无怪乎，我们党历来重视读哲学，历来倡导全党同志、干部同志都来读马克思主义哲学、毛泽东哲学。大家知道，毛泽东同志一生最爱读书，而哲学著作几乎天天手不释卷。邓小平同志"文革"当中"在江西的日子里"，每天白天在工厂劳动，晚上要孜孜不倦地读哲学，探求我们国家未来的发展道路。习近平同志当年作为知识青年"上山下乡"，在农村参加生产劳动的间隙，也没忘记读哲学。李瑞环同志把自己多年从事的党政领导工作，总结为"学哲学、用哲学"，为此，他写了一部书，即为《学哲学 用哲学》（上、下卷），畅销全国。

从事党政工作的同志，靠的是读哲学、用哲学，才把工作做好，那么我们干教育的、做教师的，又何尝能例外呢？我们经常听人说，教育是充满智慧的事业。教孩子只有爱心还不够，还必须有爱的智慧，必须有"爱智"。教师有了智慧，语文教师能让学生获得言语智慧，数学教师能让学生获得数学智慧，理化教师能让学生获得科学智慧，历史教师能让学生获得历史智慧，思政教师能让学生获得人生智慧。总之，教育要教人有智慧、变聪明，那么必须有哲学的指导与引领。全国著名特级教师魏书生，就是靠读哲学，才使他创造了教育的奇迹，取得了教育、教学、管理等各方面的极大成功。全国著名特级教师李镇西正是因为在职读博时，师从苏州大学朱永新教授攻读了哲学，才让他毕业后有了更大更好的发展。全国著名特级教师窦桂梅在职读博时，也读了哲学意味非常浓厚的教育教学原理专业，取得了创新性的教学科研成果，成为当代教育名家。江苏著名特级教师杨斌编著的《什么是真正的教育》，书中50位大师论述教育，这些大师百分之七八十是古今中外的著名哲学家。台湾师范大学教育系教授林逢祺、副教授洪仁进，看到了教师读哲学的重要价值、重要意义，共同主编了一本书，叫做《教师不可不知的哲学》。凡此种种，足以说明，教师一定要读点哲学，用哲学的智慧武装头脑，用哲学的智慧思考教育、理解学生、设计教学，这样，你不仅会做好教育教学工作，而且还会进入教育教学的自由世界，进入教育教学的自由王国。

二、读一部面向 21 世纪的优秀哲学教材《哲学通论》

教师要读哲学，就读孙正聿先生的《哲学通论》（辽宁人民出版社，1998年9月第1版）。孙正聿，吉林大学哲学社会学院院长、教授、博士生导师，国家教委哲学教学指导委员会委员。发表学术论文 100 余篇，主要著作有《理论思维的前提批判》《现代教养》《崇高的位置——世纪之交的哲学理性》等。《哲学通论》这本书，是国家教委"面向 21 世纪课程教材"，是中华人民共和国成立后第一部系统论述"哲学本身"的哲学通论。该书以全部哲学史和当代哲学为宏观背景，以"哲学究竟是什么"为主线，分为七章，创造性地论述了哲学的自我理解、哲学的思维方式、哲学的历史演进以及哲学的修养与创造等问题。本书以"激发理论兴趣、拓宽理论视野、撞击理论思维和提升理论境界"为出发点，在对哲学的层层追问中，使人们形成强烈的"爱智之忱"和进入真切的哲学思考。这部具有创新性质的《哲学通论》，既是一部研究哲学基础理论的学术著作，又是一部面向 21 世纪的哲学教材，还是一部提高人的整体素质的人文教材。下面几段文字是从该书中摘录下来的。

三、精彩书摘

导言　进入哲学的思考

对"自明性"的分析——所谓"自明"，即自以为是，自以为明，自以为然，其实不是、不明、不然。"爱智"的哲学，首先要对人们的"自明性"进行分析。人们常常用"抽象""高深"甚至是"玄虚""神秘"来形容"爱智"的哲学。这其实是一种误解。哲学所爱所求的智慧，是每个健全的普通人都具有的能力；哲学所问所思的问题，是每个健全的普通人都经常面对的问题。"爱智"的哲学只不过把人们习以为常、不予追究的问题作为"问题"去追究，把人们视为不言而喻、不论自明的问题作为"问题"进行反思。就此而言，"对自明性的分析"，这既是哲学研究的出发点，也是哲学智慧的座右铭。

第四章 哲学的主要问题

冯友兰说："中国的儒家，并不注重为知识而求知识，主要在求理想的生活。求理想的生活，是中国哲学的主流，也是儒家精神所在。"我国当代学者也提出："二十世纪的西方哲学，无论是现象学、存在主义、符号学，还是哲学人类学、解释学和西方马克思主义等，从根本上说，是为了解决现代人精神的惶惑、形上的迷失、人生的危机和人与神、人与人、人与自我情感、自我意识的疏离。"

哲学对"真"的追求，并不仅仅是为了获得某些"普遍必然性"的知识，从而对世界上千差万别、千变万化的事物作出理论解释；哲学对"真"的寻求，更重要的是为了获得规范人的思想与行为的"根据""标准"和"尺度"，从而奠定人类自身在世界中的"安身立命之本"或"最高的支撑点"。因此，在哲学的意义上，对"真"的寻求，深层的是对"善"——人自身的幸福与发展——的寻求。

人的实践活动是真正的创造性活动。人在自己的实践活动中，既创造了理想的世界（把世界变成所希望的存在），又创造了理想的自我（把自己变成所希望的存在），并在这双重的创造中，使人类获得更大的自由。"美"，就是人的创造性活动；"美"就是人创造的世界；"美"，就是人在创造性活动中所获得的、所感受到的自由。我们需要从人的创造性实践活动去理解"美"。

第四节 读文学

什么是文学？莫言在定义文学时，讲出一句惊世骇俗的话，说文学就是"在上帝的金杯里撒尿"。这句话从表面上看比较"野"，但却包含着文学最核心的本质，那就是"自由"。人在现实社会中，实际上只有困境，没有自由。人需要文学，正是希望在缺少自由的生存环境中赢得自由的瞬间。现实中缺少爱情，缺少温馨，缺少理解，缺少向往，而把所有这些在现实中"缺席"的"不在场"的一切，展示于语言文字，展示于人们可以看得见、可以感受得到的形象、意象、情景、悲欢，即把缺席者变成在场者，这就是文学。换句话说，因为生命不圆满，生存有缺陷（烦恼、畏惧、苦恼、失落感因此而生），所以就追求生命生存之外更高的存在。那个更高更圆满的存在，就是文学。为了表达这一存在，它充分想象，充分诉说，于是它便打破现实世界中的一切框框、戒律，撕毁各种教条，包括政治学、伦理学、宗教学的教条，这就像是在上帝的金杯里撒尿。

一、教师为什么要读文学

教师为什么要读文学呢？因为文学的最大特点是自由，读文学能让人读出自由，获得心灵的自由，获得心灵的解放，获得心灵的慰藉与快乐！文学是自由心灵的审美存在形式。文学是多种精神价值创造形态中最自由的形态。从这种意义上讲，我们读文学主要有三个方面的作用。

（一）文学可以弥补人生的缺陷

仅仅是了解科学技术，人生并不完整，还需要有文学，有心灵的自由。有了文学，才有人生的诗意。我们的人生，有植物性、动物性的一面，但更要有灵性、悟性的一面，而文学就是用来启发、激发生命中的这一面。人生可以追求伟大也可以甘于平凡，但这并不是最重要的，重要的是人一定要有诗意的生活。

（二）文学可以弥补人格的缺陷

人生与人格有联系，但也有区别。人格更侧重于讲主体的性格、性情、心灵方向、精神境界等。学校的人文教育，其目标应是塑造卓越的人格，培育全面优秀的人性。这是较高的目标。学校文学教育可以弥补学生人格的缺陷，使同学们人格更健康、更丰富、更完整。也就是说，人格不仅要有"工具理性"的内涵，而且要有"价值理性"（真、善、美）的内涵。文学可以帮助我们的人格不会被技术、数据、公式所固化与狭窄化，让我们具有自由的人格，独立思考的人格，举一反三的人格，让我们有了好奇心，对什么都感兴趣，积极向上，向往美好，憧憬未来！

（三）文学可以弥补眼睛的缺陷

眼睛不懂得审美，这种眼睛就只能算"肉眼""俗眼"。唯有善于审美的眼睛，才算"慧眼""天眼""道眼"。我们读了文学，就有了审美的眼睛。天地万物都能成为我们欣赏的对象,这样我们不仅会增加很多快乐,还会提高生命质量。文学具有"美育"的作用。美育不光是学绘画、会唱歌,更重要的是培养一种精神气质,一种境界——非功利的境界。冯友兰先生在《新原人》的哲学专著里把人生分为四大境界。最低的是自然境界,与动物无异,尚未开化;第二是功利境界,不论做什么事情都讲对自己是否有用,有好处,功利心极强;第三是道德境界,人的一言一行要遵循共同的准则、规范,不做损人利己之事,做人要讲良心,要有底线;第四是天地境界,这是最高的境界。不仅超越功利,而且超越自我,忘我,无我,具有悲悯情怀,同情好人,也同情坏人,对坏人也多了一层理解、宽恕,超越了道德境界。

基于以上我们对文学的理解与认识,那么人人都应该读点文学。我们做教师的,教语文的,更应该读点文学。文学与语文有着千丝万缕的联系。教科书当中的课文,大部分是文学作品。它们或从文学作品改编过来,或具有文学作品的许多特性,比如情感性、审美性、形象性、心灵的熏陶感染性等。正因为文学与语文有着极为亲密的关系,文学对语文有着非常重要的意义,所以上海《教师月刊》杂志在2016年、2017年,连续十几期围绕"语文与文学"的专题,进行了持续不断的讨论。大量的事实告诉我们,凡是喜欢阅读文学作品的语文教师,一定有很好的文学素养,也有很好的语文素养,一定能教好语文,他的语文课一定能让学生喜欢。

二、读一部文学作品的经典导读书

教师读文学,当然要读好作品,读文学名著。这里就不举出具体的文学作品书名了。不过,在读文学作品之前,我们不妨先读一读关于介绍文学常识的书。介绍文学常识的书,可以说是文学作品的导读书,会提升我们阅读文学作品的自觉性,教给我们阅读文学作品的方法,提高我们阅读文学作品的效率。刘再复先生的《文学常识二十二讲》,值得一读。该书是由人民东方出版传媒、东方出版社2016年1月出版的。该书作者刘再复,我国著名文学家和人文学者,现任香港科技大学人文学部客座教授和高等研究院的客座高级研究员。刘再复先生,一手从事文学研究,一手从事散文与散文诗创作,著作甚丰,多部文学作品在国内出版,还有许多文学作品和论文被译为法、瑞、日、德等多种文字。

《文学常识二十二讲》主要向我们介绍了文学的基本常识。该书二十二讲,每讲一章，共二十二章。这二十二章的标题分别是：第一讲，开设文学课的理由；第二讲，什么是文学；第三讲，什么不是文学；第四讲，真实：文学的第一天性；第五讲，超越：文学的第二天性；第六讲，去三腔与除旧套；第七讲，文学的"心灵"要素；第八讲，文学的"想象力"要素；第九讲，文学的"审美形式"要素；第十讲，文学批评与经典阅读；第十一讲，文学的初衷；第十二讲，文学的潜功能；第十三讲，文学与自然；第十四讲，文学与宗教；第十五讲，文学与自我；第十六讲，文学与政治；第十七讲，文学与艺术；第十八讲，文学与人生；第十九讲，文学与道德；第二十讲，文学与文化；第二十一讲，文学与天才；第二十二讲，文学与状态。下面几段文字是从该书中摘录下来的。

三、精彩书摘

第四讲　真实：文学的第一天性

文学天生真实，它以真实立足，以真实打动人，以真实获得价值起点，以真实获得境界。文学的对象是人性和人的生存条件。因此，文学的真实性最重要的是见证和呈现人性的真实性和生存条件的真实性。过去常听到"生存困境"，其实，生存就是困境。因此，伟大的作品总是深刻展示人性的复杂性与人生的巨大困境。我认为，西方的莎士比亚和东方的曹雪芹，这两位伟大的作家都无与伦比地揭示了人性的丰富、复杂和拥有对人类生存环境最深刻的认识。文学的真实性还表现在作家主体写作态度的真诚。不欺骗读者，这对于作家来说，不仅是创作的思路，而且是创作的道德。从这个意义上讲，真就是善。

第五讲　超越：文学的第二天性

文学的最高境界是超越现实功利、现实道德、现实视角，也超越现实时空的审美境界，冯友兰称之为"天地境界"，王国维称之为"宇宙境界"。作家超越了现实主体（世俗角色）而进入艺术主体（本真角色），才具有文学主体性。

第十讲　文学批评与经典阅读

如果上帝把我流放到月球上，并只允许我带二十部经典，中国十部、国外十部，那么，我就只能照办，国外的作品我将携带如下十部：

（1）《俄狄浦斯王》（希腊悲剧）；（2）《伊利亚特》（希腊史诗）；（3）《神曲》（但丁）；（4）《哈姆雷特》（莎士比亚）；（5）《堂吉诃德》（塞万提斯）；（6）《欧也妮·葛朗台》（巴尔扎克）；（7）《悲惨世界》（雨果）；（8）《浮士德》（歌德）；（9）《战争与和平》（托尔斯泰）；（10）《卡拉马佐夫兄弟》（陀思妥耶夫斯基）。

中国经典是：（1）《离骚》（屈原）；（2）《庄子》（庄子）；（3）陶渊明集；（4）李白诗集；（5）杜甫诗集；（6）李煜诗集；（7）苏东坡诗集；（8）汤显祖戏剧集；（9）《聊斋志异》（蒲松龄）；（10）《红楼梦》（曹雪芹）。

第十二讲　文学的潜功能

文学教育本是一种美感教育。其他教育乃是"知性教育"，即通过"知觉"而实现教育目的，而文学教育则是通过"自觉"即心灵的感悟、觉悟实现目的。文学的潜功能主要有："净化"功能——情感净化、道德净化；"警示"功能——给人敲警钟，让人反省自己的行为；"范导"功能——给人以积极的教育、引导。

第五节　读教育大师

读教育学、心理学，是让我们懂得教书育人的知识，增强教书育人的能力；读哲学，是为了让我们学会思考，增加智慧，提升教书育人的效益；读文学，是让我们在教好书、育好人的同时，还能过上诗意的生活，具有诗意的教育人生。那么，我们再读几位教育大师，让我们走进他们的人生，了解他们的思想，阅读他们的著作，能让我们在教书育人的时候，站在巨人的肩膀上，看得更明，想得更清，走得更稳，行得更远！

一、读苏霍姆林斯基

我们中国的教师，几乎没有人不知道苏霍姆林斯基这个伟大教育家名字的。知道苏霍姆林斯基的名字的教师很多，但真正潜下心来拜读他的教育著作，把握他的教育思想，并把他的教育思想化为教育教学行为的教师，却是不多的。

苏霍姆林斯基，苏联著名教育家，也是世界著名的教育家。他既有深厚的学术素养，又有丰富的教育实践，还以常人难以想象的勤奋与坚持，每天记下自己的思考与探索。他是让中国的教师乃至全世界的教师都非常仰慕、非常敬重的教育家。

（一）感悟他的教育人生

苏霍姆林斯基（1918—1970年），苏联著名的教育实践家和教育理论家，是在我国教育领域内享有极高威望的外国知名教育家之一。他17岁初中毕业后，只经过一年师资培训班的学习，就当起了农村小学教师。然而，他坚守理想，坚持学习，从29岁开始，他一直担任乌克兰一所农村十年制学校——帕夫雷什中学的校长。在35年的教育生涯中，他无论担任教师、教导主任，还是校长、区教育局局长，都没有脱离过教育教学第一线，没有停止对教育科学的思考与研究。他的生活非常有规律：每天早上5点至8点从事写作，白天去教室上课、听课、当班主任，晚上整理笔记，思考一天工作中遇到的问题。他每天与学生同活动、同读书、同游戏、同旅行，几十年如一日地对学生的教育情况进行"跟踪观察"，记下了大量笔记。在苏霍姆林斯基短短52年人生之旅中，有35年献身于故乡的教育事业，其中担任帕夫雷什中学校长一职就长达23年。可以说，苏霍姆林斯基的一生，是实践的一生，探索的一生，读书的一生，思考的一生，写作的一生，是不断散发出思想智慧的一生。苏霍姆林斯基的教育人生是值得我们每位教育工作者感悟、思考和学习的。

（二）了解他的教育思想

苏霍姆林斯基一生的实践、探索、读书、思考，给我们留下了非常丰富而又极为珍贵的教育思想。他全部的教育思想和教育实践的核心，可以概括为一句话：即培养全面发展和和谐发展的大写的"人"，也就是"培养真正的人"！

一是培养学生做一个高尚的人。"学校的任务不仅仅在于授给学生从事劳动及合乎要求的社会活动所必备的知识，而且也在于给每个人以个人精神生活的幸福。没有丰富的内在的精神世界，没有劳动和创造的欢乐，没有个人尊严感、荣誉感，就不可能有幸福。"二是培养学生做一个信仰神圣的人。"信仰神圣的东西，信仰理想，这是精神的刚毅、勇敢、不屈不挠、生活充实、真正幸福的根源之一。"三是培养学生做一个诚实可信的人。"一个有教养的人，他良心的呼唤甚至都不会允许他有抄袭同学作业的念头，这对于他，就如同赤身裸体出现在大庭广众之下一样是做不出来的事。"四是培养学生做一个酷爱读书的人。"一个真正的人应当在灵魂深处有一份精神宝藏，这就是他通宵达旦地读过一两百本书。"五是做一个有爱心、懂合作的人。"当一个男孩子得知同学生病不能上学时，就会泛出泪花来的话，那他长大成人之后，必定是个体贴关心人的丈夫和父亲；他的良心就不会允许他做出损害姑娘、妻子、母亲的事情。善良的情感，是良心的头道防线。""一个人最大的幸福和欢乐就在于与他人的交往。""在教育上很重要的一点，就是要经常让孩子们树立这样一个思想：一个人离开人们越远，他就会越不幸。"六是培养学生做一个热爱劳动的人。"我们的语言中有成千上万个词汇，但是放在第一位的，我认为是三个词：粮食、劳动、人民。"七是培养学生做一个热爱并敬畏自然的人。"为每一个人培养起善良、诚挚、同情心、助人精神及对一切有生之物和美好事物的关切之情等品质，是学校教育的基本的起码目标。"

（三）细读他的教育著作

苏霍姆林斯基生前共写了41部著作，600余篇论文，1000多篇童话和故事。其中包括《关于人的思考》《帕夫雷什中学》《把整个心灵献给孩子》《给教师的100条建议》等。在这里，我特别建议要细读他的《给教师的100条建议》。

二、读陶行知

陶行知（1891—1946年），我国伟大的人民教育家、思想家、爱国者，被认为是"五四"前后中国教育改造的旗手。他有极高的教育救国理想，坚持从中国国情出发，办中国人民所需要的教育。他先后创办了晓庄师范学校、国难教育社、山海工学团、育才学校和社会大学，为国难时期的中国培养了许多优秀人才。宋庆龄称他为"万世师表"。董必武有诗曰："敬爱陶夫子，当今一圣人。"毛泽东称他为"伟大的人民教育家"。

（一）感受他的教育人生

陶行知短暂的一生，是热爱祖国的一生，追求梦想的一生，也是教育改造的一生，教育实践的一生，教育探索的一生，是为我国教育事业做出杰出贡献的一生。陶行知，年轻时曾赴美国留学，师从杜威，接受杜威实用主义教育思想，后又赴哥伦比亚大学学习，获硕士学位回国。回国后，陶行知受聘于南京高等师范，先后任教授、教育科主任、教务主任等职。在师范学校里，他积极传播杜威的"教育即生活""学校即社会"等教育思想。经过近十年的探索与尝试后，陶行知意识到中国教育的根本问题是大多数民众得不到教育，故而把主要精力放在推动乡村教育上，为乡村培养师资，赴乡村办各类学校。"一二·九"爱国运动后，陶行知积极参加抗日救亡运动，提倡国难教育、战时教育，投身于抗日民主教育这个大潮之中。

陶行知作为留学回归的高级知识分子、大学教授，并没有待在书斋里，而是投身于火热的爱国救亡的教育实践运动之中。他热爱祖国，忧国忧民，为拯救祖国的危亡，为人民的教育事业，无私无畏、勤勉辛劳地献出了毕生的精力。他的一生都是为人民的教育事业而奋斗，为争取民族解放而斗争。"为一大事来，做一大事去"，"捧着一颗心来，不带半根草去"，陶行知的这些诗句是他伟大一生的写照!

（二）了解他的教育思想

在今天的大地上，我们到处都能看到陶行知的教育名言："千教万教教人求真，千学万学学做真人"；"行是知之始，知是行之成"；"知行合一"；"教学做合一"，等等。这些名言，闪烁着陶行知教育思想的光辉，照耀着成千上万个教育人前进。概括来看，陶行知的教育思想主要有以下几个方面。

一是教学做合一。"教学做合一的三个理由：（一）先生的责任在教学生学；（二）先生教的法子必须根据学的法子；（三）先生须一面教，一面学。""事怎样做就怎样学，怎样学就怎样教；教的法子要根据学的法子；学的法子要根据做的法子。""教学做是一件事，不是三件事。我们在做上教，在做上学。在做上教的是先生；在做上学的是学生。从先生对学生的关系说：做便是教；从学生对先生的关系说：做便是学。先生拿做来教，方是真教，学生拿做来学，方是真学。不在做上用功夫，教固不成为教，学也不成为学。""做是发明，是创造，是实验，是生产，是破坏，是奋斗，是探寻出路。"

二是生活教育。"生活即教育。""到处是生活，即到处是教育；整个社会是生活的场所，亦即教育之场所。因此，我们又可以说：'社会即学校.'""没有生活做中心的教育是死教育。没有生活做中心的学校是死学校。没有生活做中心的书本是死书本。在死教育、死学校、死书本里鬼混的人是死人——先生是先死,学生是学死!先死与学死所造成的国是死国,所造成的世界是死世界。"

三是乡村教育。"活的乡村教育要有活的乡村教师。活的乡村教师要有农夫的身手,科学的头脑,改造社会的精神。""看学校的标准,不是校舍如何,设备如何,乃是学生活力丰富不丰富。"

四是儿童教育。"在现状下,尤须进行六大解放,把学生的基本自由还给学生:一、解放他的头脑,使他能想;二、解放他的双手,使他能干;三、解放他的眼睛,使他能看;四、解放他的嘴,使他能谈;五、解放他的空间,使他能到大自然大社会里去取得丰富的学问;六、解放他的时间,不把他的功课表填满,不逼他赶考,不和家长联合起来在功课上夹攻。""你的教鞭下有瓦特,你的冷眼里有牛顿,你的讥笑中有爱迪生。"

五是民主教育。"民主教育是教人做主人,做自己的主人,做国家的主人,做世界的主人。""教人民进行自觉的学习,遵守自觉的纪律,从事自觉的工作与奋斗。""抱定一个人定胜天的人生观,向前创造,现代教育就自然而然地普及出去了。"

六是新教育。"对于教育,第一,要有信仰心。第二,要有责任心。第三,做新教员的要有共和精神。第四,要有开辟精神。第五,要有试验的精神。"

七是深恶痛绝杀人的会考。"学生是学会考,教员是教人会考,学校变成了会考筹备处。会考所要的必须教,会考所不要的就不必教,甚至于必不教。于是唱歌不教了,图画不教了,体操不教了,家事不教了,农艺不教了,工艺不教了,科学的实验不做了,所谓课内课外的活动都不教了。所教的只是书,只是考的书。教育等于读书,读书等于赶考。"

(三)细读他的教育著作

陶行知先生著作颇丰,主要作品有:《中国教育改造》《教学做合一讨论集》《中国大众教育问题》《古庙敲钟录》《行知书信》《行知诗歌集》。为了便捷地了解陶行知先生的教育思想,我们可以阅读方明编的《陶行知教育名篇》(教育科学出版社 2005 年第 1 版)。

三、读叶圣陶

叶圣陶（1894—1988年），原名叶绍钧，作家、出版家、教育家。他写了大量的文学作品，作品在文学史上占有重要位置。叶圣陶非常重视儿童教育，他在语文教育方面的贡献，被誉为"一代宗师"。他就语文教育写了大量的文章，关于语文教育的目的论、性质论、教材论、教法论、教师修养论等，都有他精辟、独到的见解，因此，教育界素有"不读叶圣陶无以教语文"的说法。

（一）感悟他的教育人生

叶圣陶出生于江苏苏州的一个平民家庭。他在上中学期间，就发表了第一篇教育论文《儿童之观念》。毕业后走上了从教之路，教国文、当编辑，后来又应聘到甪直县第五高等小学任教。在甪直的4年多，是叶圣陶先生教育活动的关键时期。他和教育同仁，对学校进行深刻的变革，编教材，办农场，开书店，建博览室、建礼堂、戏台、音乐室，举行师生同乐会、恳亲会，指导学生排练戏剧、组织学生远足，创造了一个充满时代气息和生活情趣的生活环境。这个时期，他发表了一系列关于小学教育的文章。1923年至1930年，他去上海商务印书馆当编辑；后到成都主持开明书店编务；1946年，他返回上海主持中华全国文艺协会的日常工作。在以上各个时期，他从来没有放弃对教育的研究，发表了许多关于教育、关于语文教学的文章。新中国成立后，他任教育部副部长、人民教育出版社社长等职，在语文教育、青少年教育等方面，倾注了大量的心血。叶圣陶的一生，热爱教育，热爱语文，既有实践，又有总结，是我们尊敬的师长，学习的楷模。

（二）了解他的教育思想

叶圣陶教育思想的核心是："教是为了不教。"叶圣陶认为，受教育的人和种子一样，全都是有生命的，能自己发育自己成长的；教育只是提供合适的条件，如水、阳光、空气、肥料等等，让他们自己发芽生成，自己开花结果。他的主要教育思想，有以下几个方面。

一是教育就是养成好的习惯。"什么是教育？往简单方面说，只须一句话，就是要养成良好的习惯。德育方面，要养成待人接物和对待工作的良好习惯；智育方面，要养成寻求知识和熟习技能的良好习惯；体育方面，要养成保护健康和促进健康的良好习惯。"

二是教是为了达到不需要教。"学生须能读书，须能作文，故特设语文课以训练之。最终目的为：自能读书，不待老师讲；自能作文，不待老师改。教师之训练必做到此两点，乃为教学之成功。"

三是国文是发展儿童心灵的学科。"既然引起儿童的需要，则此后的事，如观察、试验、批判、欣赏等，可以全归儿童，教师偶或帮助而已。经过这许多功夫，结果便是心灵的发展。这心灵的发展便是国文教授的主要目的。"

四是学生必须养成阅读能力。"要养成阅读能力，非课外多看书籍不可。课本只是举出些例子，以便指示、说明而已。"

五是不会写作算不得合格公民。"一个人若不能运用文字把自己所知所想的东西写得明白而有条理，他就算不得一个合格的公民。""生活犹如泉源，文章犹如溪水，泉源丰盈，溪流自然活活泼泼地昼夜不息。"

六是只有做学生的学生，才能做学生的先生。"我认为自己与学生同样的人，我所过的与学生同样的生活；凡希望学生去实践的，我自己一定实践；凡劝戒学生不要做的，我自己一定不做。……为什么要如此？无非实做两句老话，叫做'有诸己而后求诸人，无诸己而后非诸人'。"

（三）细读他的教育著作

叶圣陶先生作品甚丰，既有大量的文学作品，又有大量的对语文教育的精辟论述。这些语文教育的作品，至今仍有非常重要的意义。作为语文教师，我们读他的语文教育著作，可重点阅读《叶圣陶教育文集》（五卷本）。该书是人民教育出版社 1994 年 8 月第 1 版。

第六章

教学写作技能

第六章 教学写作技能

　　教学写作技能，即语文教师写作的技能。语文教师的写作，不是指写教案，而是指写教案以外的文章。语文教师写好教案，也是语文教师教学分内的事，是语文教师人人必须做好的事，而语文教师除了写教案，还要会写大量的表达教学科研成果的文章。喜于写文章，善于写文章，这样能够以写促教，以写促读，以写促思，以写促写，以写促进教师的专业成长与发展。

　　写作就是阅读。阅读困难的时候，读不下去的时候，读不深入的时候，精力不集中的时候，不想再读的时候，可以换一种阅读方式，那就是"写"。写作能延续你的阅读，能让你获得快乐的阅读，有效的阅读。写作就是思考。写作能让你对一个问题进行深入的思考、缜密的思考、周全的思考、痛快的思考，能让你获得有效的思考。写作就是表达。把你的教材分析、教学设计、教学实践、教学反思、教学评价等教学成果，以写作的成果表达出来，物化出来，能让你进一步加深对教学的理解，提升对教学的认识，逐渐形成自己的教学思想。亲爱的老师们，一旦你喜欢写作，善于写作，甚至成了"写匠"，成了写文章的高手，那么，你的教书育人工作就有了成就感，你就能从写作中得到许多的享受和幸福。请你相信：写作，就是为优秀教师做准备。长期写作、善于写作的教师，最后一定能写出一个优秀的教师！

第一节　听名师讲写作

　　无数事实证明：凡是名师，没有一个不喜欢写作、不会写作、不长于写作的。于永正、张庆、李吉林、丁有宽、周一贯、窦桂梅、薛法根、管建刚、何捷、邱学华、洪宗礼、吴非、魏书生、李海林、李镇西、钱梦龙、黄厚江、黄玉峰等，均是如此。许多大学教授、教育专家更是靠写作源源不断地把他们的研究成果表达出来，让成千上万个教师受益，朱永新、曹文轩、成尚荣、王尚文、吴忠豪、吴立岗、王荣生、钟启泉、孙绍振、潘新和、顾明远、杨再隋、杨九俊、肖川、张文质、郭元祥等，也都是如此。这些名师，这些教授、专家，都有长期的写作经历，有极为丰富的写作经验。他们的写作经历、写作经验，对我们成长发展中的教师，尤为珍贵，我们应该好好地学习。下面请欣赏三位中小学语文名师的写作经验。

一、于永正老师讲写作——天天"爬格子"

全国小学语文教师,几乎人人都知道于永正这个名字。于永正老师的出名,一是他的语文课,另一个就是他的文章。老师们都喜欢听他的语文课,因为他的语文课就是引导学生学习语言文字运用,而且生动有趣,让学生和听课的老师都能学到很多东西;老师们也都喜欢读他的文章,因为他的文章如同讲故事,真正做到了深入浅出,在通俗易懂、幽默风趣中,让人明白了很多道理。于永正是一个既善于教书,又善于思考、总结和写作的人,他是一个以上课和写作为生命的教师,先后出版了《于永正课堂教例与经验》、《于永正文集》、《教海漫记》(增订版)、《于永正语文教学实录荟萃》、《我的为师之道》、《给初为人师女儿的二十条贴心建议》等,总计近200万字。于永正老师在《教海漫记》(增订版)一书中,向我们介绍了他的写作经验——天天"爬格子"。

(一)于老师说,他非常喜欢爬格子——

在家里,我为自己营造了一片小天地。它占地不足两平方米,陈设也极为简单:一张写字台,一盏台灯,一叠稿纸,一支笔,几本工具书,还有一把椅子,就这。

入夜,这片小天地明亮而温馨。我在这片纯属自己的小天地里读书、爬格子。一旦爬得兴起,便如入无人之境,任凭家里人说什么、做什么,我都全然不觉、全然不知。别说在家里,就是在办公室里,不管如何嘈杂,都不会影响我写东西。有位同事很"眼红",问我身上是否安装了什么"抗干扰"装置。我回答:"有的,它的名字叫'专注'。"

爬格子锻炼了我的注意力,爬格子磨炼了我的意志。

(二)于老师说,爬出的格子要"冷处理"——

《语文教师应当是个语言医生》在《小学语文教师》上发表了,头版头条,它是千锤百炼出来的。

说它是千锤百炼出来的并非言过其实。我写这篇文章,整整耗了我两年的时间。

"语文教师应当是个语言医生"这个想法早就有了。听课中我经常发现,明明学生说话有语病，老师却说"很好"。怎么能说"很好"呢？为什么不予以纠正？是压根儿没听出来，还是漫不经心？于是，晚上展开稿纸写下了个题目——《语文教师应当是个语言医生》。但写了不到两页又觉得朦胧，便暂时搁笔。

后来我又听了徐善俊老师、贾志敏老师的语文课，他们在课堂上都是很好的语言医生。这又给了我不少的启发。于是，我便有了思路，甚至有"文思泉涌"的感觉……

此稿写完之后，并未立即发表。我把它放进抽屉里"闷"了一段时间后，又进行了加工、修改，才寄给《小学语文教师》。编辑很快回了信，准备采用。

我有个习惯，每写完一篇文章，并不急于投寄出去，而是放在抽屉里"闷"上一段时间。"闷"的过程实际上是继续想的过程。过一段时间拿出来看，不但会发现语言的稚嫩，内容上的疏漏，还会发现论述的偏颇和谬误。

这是"冷处理"。

发表在《山东教育》上的《阅读教学要加强读的训练》和发表在《小学语文教学》上的《鲁班学艺给我们的启示》，"闷"的时间都在一年以上。因为"冷处理"得好，所以一寄出去就得到编辑的青睐，他们立即回信，嘱我千万别投第二家。著名特级教师张庆说，爬格子是最好的思维体操。的确如此。它使我不断地思考，使自己的思维具有条理性、周密性和深刻性。那些改得一塌糊涂的草稿，如实地记录了我的思维轨迹。

（三）于老师说，爬格子使自己的认识不断升华；升华了认识又促进教学水平的提高——

1992年以后，我的语文教学有了一个新的飞跃，那是因为我认识上有了一个质的飞跃，这与爬格子有很大关系。我上的《马背上的小红军》《新型玻璃》《白杨》等课文，之所以受到广大教师、专家、学者的好评，正是因为我把提问降到最低限度，摒弃了烦琐的内容分析，把大量的时间留给学生读、写，强化了语言文字训练。同时注意激发学生的学习兴趣，调动他们的积极性，使他们真正成为学习的主人。面向全体学生，注意语文教学的综合性，让学生主动地、生动活泼地学习，是我追求的更高目标。

如果没有爬格子的习惯，可以肯定地说，我充其量是一个好的教书匠。

我常对青年老师说:"不要懒惰,不要强调自己忙,一定要拿起笔写东西,从一节课写起,从点滴小事写起。"

有人对我说,脑子浑,不会写。

我说,不要埋怨自己的腿不好使,走不动,应检查一下你是否走了。

还有人对我说,也想写,写不出来。

我说,写不出来硬写,强迫自己去想,去读书,去实践,去总结。我有好多文章是"硬"写出来的。真正搞出点名堂来的,都是自己给自己加压的。靠别人督促,是不会有出息的。

(四)他说,爬格子使他养成了思考的习惯,练就了捕捉问题的本领——

我的《听懂与读懂辨》一文在《山西教育》上发表后,一位同事对我说:"老于,你真行,听了别人一席话就能写出一篇文章来!这句话我当时也听到了,可怎么什么感觉也没有?"

我笑着对这位同事说:"那是因为我喜欢爬格子。爬格子使我养成了思考的习惯,练就了捕捉问题的本领。"

不少老师问我:"你写了那么多文章,你是怎么想出来的?"

我说:"大体有三种情况。一是自己做的,二是自己看的(包括看书、看报),三是自己听的。好多事,大家都是做过的,有些问题也是想过的,只不过思维的嗅觉不像爬格子人灵敏,没有深入思考,更没有动手写下来的习惯罢了。我像培根那样,口袋里常放支笔,随时记下瞬间的思维。这些不寻常的想法是很有价值的,且往往稍纵即逝,永不再来。我常常因为疏忽没有记下一些很有意义的想法而后悔。"

(五)他说,以写促读,以读促写,这叫"相得益彰"——

爬格子有时会感到走投无路,有时会觉得力不从心。这是一个信号,该加油了,该读书了。

茅盾曾说过一句很有见地的话:"光读不写,眼高手低;光写不读,眼低手也低。"

一次,我的一位当校长的同学听了我上的《狐假虎威》。他对我的教学情感倍加赞赏，邀请我到他学校里跟老师们谈谈这个问题。我再三推辞，推辞不掉，只好答应两个月后去。正巧，《湖北教育》的一位编辑写信也要求我写这方面的稿件。这样，我就研究起"教学情感"来。两个月内我读了近20万字的资料，做了约1000张读书卡片。我联系自己的实际，边读边想，渐渐明确了什么叫教学情感，良好的教学情感有什么作用，教学中教师良好的情感表现，怎样激发学生的积极情感等等，写了一万字的演讲稿。我把其中一部分摘出来，冠以《伴随语言的意义及其作用》题目，寄给了《湖北教育》。

两个月后我来到了老同学的学校做了演讲。演讲引起了极大的反响。《湖北教育》也发表了我投寄的稿件。

开始，写不下去，感到力不从心时读书；后来，即使写得下去，也要去翻翻与所写的文章内容有关的书籍。这样定能受益匪浅。

二、窦桂梅老师讲写作——让写作改变你的生命职场

全国著名语文特级教师窦桂梅的课堂教学最大特点是：有激情、有活力、有魅力。她对教材的解读，有深度、有广度、有创新。可见，她在备课时下了很大的功夫。课堂教学上，窦老师语言准确丰富，引导循循善诱，点拨精准到位。老师和学生们听了她的课，如同享受精神大餐。窦老师的课堂教学之所以让人喜欢、让人感动，是源于她的阅读，源于她的写作。多年的写作，使窦桂梅老师出版了许多教学专著:《窦桂梅与主题教学》《窦桂梅与语文教改的三个超越》《激情与思想》《和教师一起成长》《和学生一起成长》《创造生命的课堂》《梳理课堂——窦桂梅课堂捉虫手记》《听窦桂梅讲语文》《玫瑰与教育》等。窦桂梅老师告诉我们："写，能改变你的生命职场。"这是她多年最深刻的体会。

（一）为什么要写——

从什么时候起，我们对公开课的评价变得只剩下批评与否定，而不是理解与学习？变得擅长对他人展开攻击与反击，怀疑与猜忌，而不是接纳与包容、信任与支持？难怪有人质疑公开课存在的意义。

面对惶恐，失去了公开课领航的我们，应当如何寻找课堂坐标，去消除日复一日教学劳作所带来的职业倦怠？或多或少地还要参与执教公开课的我们，又如何面对批评与指责，克服一次次研究、试讲带来的审美疲劳，让公开

课尽可能地摆脱尴尬的境地，发挥出它应有的指导作用？总之，如何让激情、希望、魅力经由平淡生活的某一处火花引燃，从而漫射到教学生活的角角落落、岁岁年年？

有一个很好的办法，就是用笔静静地记录自己，并在写作过程中不断发现和生成新的"我"。正如苏霍姆林斯基所说的："每一位教师都来写教育日记，写随笔和记录。这些记录是思考和创造的源泉，是无价之宝，是你搞教科研的丰富材料及实践基础。"可见，每一种力量，每一个领域都要为自己找到存在的理由，每个人也都需要自我引导，自觉营造属于自己的课堂生活的价值和意义，而不是等待权威来指令。正因为写，你的笔就会和你的课堂通过心灵的桥梁发生联系，你会忠于你的课堂，并接纳别人的"声音"。借此，走出井底的你，才不会迷失自己。

（二）写些什么——

研究课，或者说公开课，那是一本打开的书，一扇开启的门。是多少个日夜殚思竭虑的忘我投入，一次次研究、试讲、修正，让生命的激情在课堂上尽情绽放。每一遭研究课的行走，留下的都是笑与泪、悲与欢、迷茫与领悟、蜕变与成长的足迹。于是，书写——或者写些备课的心得，或者描述教后的体会，或者由引起争议的理念引发开去。总之，无论哪个方面的写作，都在创造一个全新的课堂。

首先，可以写一些"题外话"。比如，我教《珍珠鸟》一课，前后写了好几篇文章。其中一篇，是我写了选择这节课研究的原因……这样的"题外话"可能永远不能公开发表，但，写下这些，则对自己把握文本精神高度的水平进行了触摸和挑战，使精神储备更加强大，讲课更加游刃有余。很难想象，只记录"有用""实用"的官样文字，教学背后怎么会饱满丰富、恣肆汪洋？！

当然，更要写"题内话"。在《珍珠鸟》一课的研究过程中，我写了解读文本"信赖"的主题，写了按这样的思路教学的思考……这样的教学写作，可以把动笔前的一些模糊的想法变清晰，把明确的思路变深刻，通过写作我们可以获得新知识、新发现。

最后，可以写些"题后话"。把对自己课堂的评价中有价值的观点整理出来，并置于自己的课堂中进行对照，具体"革"缺点的"命"……记录这些"题后话"，就会不断发现问题、解决问题，并进一步由具体问题延伸拓展开去，努力上升到更高的层次和更广的范围中，去反思、重建课堂。

（三）写改变了什么——

写，首先丰富了教师的灵魂。因写，教师从"艰难苦恨繁霜鬓"的叹息中获得凤凰涅槃似的重生，挑战心智，不断长进，对自我有了一种静静的梳理。让笔静静记下自己，在课堂本身中寻找"我是谁"。每一次记录，都会挖掘自己的心灵，并把它彰显出来。写出的文字，就成了我们的另一张面孔。而且，我们语文教师又是教儿童写作的，"以写促写"不亦快乐哉。

我开始写作的时候，文字拙笨，尽管有时日吐千言，怎奈笔力不够，常常自觉满纸荒唐。有时心里感受强烈，倾吐出来却显得很蹩脚。怎么办？练。

我们在写，我们在成长。把文字压缩、捶扁、拉长、磨利，把它撕开又拉拢，折来叠去，这就像备课一样——努力实现它的速度、密度和弹性，把话写得干净些，响亮些。旁人读你的文章，才会听见你的声音，看见你的笑容。

于是，当我把公开课前后的备课以及上课体会记录下来，当作练笔，并养成了习惯，像吃饭一样，一天不可少的时候——蓦然，我发现这几年又有不小的长进。

写，还可以去掉人身上的匠气，会让忙碌的你与宁静的你进行一番调整，会让感性的你与理性的你对照。

写作使我有了底气，使我常常能够在众多比我学历高的青年教师面前诲尔谆谆、诱人循循。写，让自己更切身地明白了自己"曾经"是怎么回事。

就是这不拘一格而又别具一格的书写，令那些"当时只道是寻常"的思想与细节，在头脑中一次次地重现；使我们能够保持对自己课堂问题的清醒，自觉地辨别批判的声音，跳出课堂本身，以一个旁观者的身份，审慎看待自己的课堂。

看来，小小的笔改变不了世界，却能改变我们的课堂。更重要的是，写，让自己活得明白，更让自己活出了精彩。花的开放，赢得的是尊重，积累的更是尊严。一句话，写，改变了你生命的属性。

三、魏书生老师讲写作——持之以恒，坚持写日记

魏书生，全国著名特级教师。他曾是颇有前途的工厂政工干部，却写了150多次申请，要求到学校做一名教师，最终如愿以偿。他最初是小学民办教师，后来做了初中教师。在他担任初中语文教师期间，他用20节课教完200节课的内容，且学生成绩好得出奇。他同时担任两个班的班主任，学生到他班里，个个品学兼优。他不是专职作家，但却出版了几十本专著，本本畅销。他从未上过大学，却做了大学校长，且被几所大学聘为兼职教授，还是大学硕士生导师。这一切，都源于他的热爱，他的学习，他的智慧，他的教改，他的写作。下面，让我们一起学习一下魏书生老师的写作经验——持之以恒，坚持写日记。

（一）建议大家都来写日记——

我曾经成百上千次，不厌其烦地向自己的学生、家长、青年教师以及别的行业的干部、工人建议，建议大家都来写日记。我为什么热衷于宣传这件事呢？

（二）写日记有什么用——

日记能使我们记住自己做过的事，见过的人，用过的物，记住自己的经验与教训。人很奇怪，许多好的成功的做法，不知不觉会忘了做，甚至记不起曾经做过。写了日记，常翻一翻，能使我们达到昨天曾经达到的高度。

写日记有利于改变自己，改造自己。很少有人写日记劝自己狭隘、自私、消极、懒惰。神经正常的人，一般都在日记中劝自己，鼓励自己，要宽厚，要助人，要积极，要勤奋。这发自内心的劝说和鼓励，同来自外界的劝说与鼓励相比，作用更大。这种自我修养的结果，会逐渐变得宽厚、助人、积极、勤奋起来。

写日记，很多时候都是解剖自己、分析自己。人们忙于工作无暇认识自我，即使是思考分析也没有形成文字认识得更清楚，更透彻。人正确地分析、认识、评价自我，才能有效地更新、改造自我。

日记的内容很大部分是对社会的观察认识分析，写出来，能认识得更清晰。

人有了烦闷，宣泄出来，烦闷会减轻，头脑会清醒。在单位宣泄和在家里宣泄都免不了使别人不愉快，较好的宣泄方式是记日记。有了什么烦闷都对它说。写出来，说出来，再看一遍，原来的怒气、闷气不知不觉之间没有了，

难怪有的人管日记叫"无声的朋友""最知心的朋友""最冷静的朋友"。

（三）怎样写日记——

日记怎么写呢？——文体不限，可以叙事，可以议论，可以抒情，可以描写，可以说明，也可以两三者兼而有之。随心所欲，信手拈来，我手写我口，写我心。想到哪儿，写到哪儿，不用考虑词语润色，怎么高兴怎么轻松，就怎么写。你如果愿对自己要求严一些，一篇日记，可以考虑篇章结构，注意开头结尾，注意表现手法。

日记长短不限。有话则长，无话即短。刚开始，可以写上几句话。时间长了，能力强了，可以增加到三五百字。即使这时，也无须限定每天必须写上500字不可，仍可内容多时写上千八百字，内容少时，四五百字也行，不过分约束自己，便会觉得写日记是乐事，不是负担。

日记内容不限。可写自己所见、所闻、所思、所感、所做。可记录国内外波澜壮阔的大事，也可写自己怎样养花、钓鱼、剪窗花等。抒情，喜怒哀乐均可；状物，宇宙微轻皆宜；说明，可说明一座城市的建筑布局，也可剖析一只蚂蚁的形体构造；描写，可描写高山大海的雄奇，也可描写微雕作品的小巧；议论，可发安邦治国之宏论，也可谈修身齐家之微言。

每天有什么新思想，恐它稍纵即逝，那就拿出笔来，将它记在左手腕上，晚上一整理就是一篇日记。人很奇怪，在某个特定时间，脑中常常突发奇想，闪着智慧的光芒，比自己平时想的要高明得多，但倘若不及时抓住，这一想法立即逝去，时过境迁之后，再也不会追忆。为了超越自我，人必须善于抓住这些灵感。

（四）写日记贵在坚持——

写日记贵在坚持。如某人坚持写了一年，某一天要停止时，他往往不甘心，积累起来的惯性也不允许，于是他又坚持写下去。天长日久，锻炼出了持之以恒的毅力。

开始写起来，就别轻易停顿，别轻易原谅自己。不叫一日中断。实在忙时，写两三句话还是有时间的吧！也可以像有的作家那样，没什么可写的时候便写："我今天什么也写不出来，我今天什么也写不出来，我今天什么也写不出来。"真要写过三遍,思想突破静的惯性,动起来了,新奇的东西就又有了。

(五)坚持了,你就能成为一个自新的强者

每一位坚持长年写日记的人都有了多方面的收获。如果人们把胡思乱想的时间拿来写日记,没有话写,就把胡思乱想的内容洒在纸上,那么我想,久而久之,他就成为自己心理的保健医生,就会成为一个自新的强者,就会从那流淌在纸上横七竖八的思绪中理出一个规律来。逐渐地,乱的越来越少,系统的越来越多,无效的思维也会被束缚住。

第二节 我是怎样学习写作的

我是一位有着40年教龄的语文教师。在这40年的语文教学工作中,我有23年(从1994年9月至今)专职从事小学语文教学研究工作。

我从一个小学语文民办教师,成长发展为一个语文教研员,又从一个普通的语文教研员,成长发展为一个特级教师、正高级教师。回忆我40年走过的语文教学、教研之路,我深深地体会到:我的成长、进步与发展,得益于我多年来不忘初心、坚持不懈、坚定不移地努力"做一位好老师"的信念与实践,得益于我多年来不停地学习与写作。学习是基础,写作是关键。别人怕写作,不会写作、不写作,而我却喜欢写作,擅长写作,天天写作。我自称是一个"写匠"。由于我爱上了写作,几十年来,我写了50本《读刊笔记》,写了60本《读书笔记》,写了44本《教学随笔》,写了54本《光明日记》,发表了100余篇教学论文,出版了4部语文教学专著。是学习成就了我,是写作成就了我,是劳动创造了我。那么,几十年来,我是怎样学习写作的呢?我学习写作的历程可概括为十个字,也可以叫做"十字诀",即:学习、实践、思考、写作、热爱。

一、学习

学习,我重点谈向报刊学习,向书本学习。

(一)学报刊

多年来,我有喜欢阅读报纸的习惯。我们办公室订了七八种报纸,别人

都不看，只有我一人看。我最喜欢读的报纸是《人民日报》《光明日报》《中国教育报》。《人民日报》内容十分丰富，它每天除了刊载大量的时事、政治、科技、经济、文化、军事、体育等方面的文章，还经常发表关于思想方法、工作方法、为人处世方法等方面的文章。它的"副刊"内容主要是文学。我读这份报纸，浏览每天的国内外大事，但主要是从它上面学习如何思考，如何工作，如何做人，如何做一个不忘初心、坚定信念、具有家国情怀的大写的"人"。它的副刊登载的散文、诗歌、报告文学等，读后让人快乐自由，让人陶冶性情。《光明日报》是知识分子的报纸，很适合我们广大的中小学教师阅读。这份报纸刊载的文章，除了时事新闻，主要是文化、教育、历史、哲学，上面也经常发表我国著名教育家关于语文教学方面的文章。这份报纸给我最大的帮助是，让我学到了如何做一名有真才实学的知识分子，学到了如何做一名站得高、看得远、心胸宽广的教育家。我读《中国教育报》，主要了解关于语文教学的一些文章，以及关于教师读书方面的信息。教师读书方面的信息，让我及时知道了国内当前最新的教育图书，了解了优秀教师们当前正在读什么书，怎么读书。经常阅读读书人的读书文章、读书故事，自己也会成为一个爱读书、会读书的人。

读杂志，我主要读关于语文教学方面的杂志。读杂志，首先要订阅杂志。我在当教研员之前做中小学语文教师期间，自费订阅了份杂志，就是《语文教师之友》。从 1994 年我做了县小学语文教研员以后，自费订阅的杂志由过去的一份逐步扩到了八份。最近 10 年我一直订阅的杂志，有《小学语文教学》、《小学语文教师》、《小学语文》、《语文教学通讯》（小学刊）、《语文学习》（中学）、《语文建设》（中小学）、《课程·教材·教法》（综合）、《教师月刊》（综合）。经常阅读语文教育教学杂志的老师，看到了我上面列出的杂志名称，一定会有一些发现：我订阅的这些教育教学杂志，大多为全国中文核心期刊，级别比较高，质量比较好。我是一个小学语文教研员，不仅喜欢订阅小学语文教学方面的杂志，还订阅了中学语文以及课程教材方面的杂志。《语文学习》是由上海教育出版社出版、我国语文教学界非常有权威的一份杂志；《语文建设》是由北京语文出版社出版，学术性很强，虽然是中小学语文兼顾，但发表的语文教学论文主要是中学的；《课程·教材·教法》是我国基础教育领域的领军期刊，它由人民教育出版社出版发行；《教师月刊》是由上海华东师范大学出版社出版，我觉得它应该是我国关于教师生活、学习、成长方面最好的一份刊物。阅读这些级别比较高、质量比较好、内容十分丰富的教育教学杂志，比只阅读小学语文教学类的杂志要让我站得更高，看得更远，思得更深，行得更稳。此外，我除了阅读自己订的这些教学杂志，还经常阅读我们办公室订阅的《人民教育》《江苏教育》《福建教育》。阅读这三份杂志，让我能及时把握我们国家中小学教育的许多大政方针，及时把握我们国家最新的教育动态以及教育发展方向，还能及时把握教育先进地区语文教学的最新研究成果。

我是怎样阅读报刊的呢？读报纸，我采取先阅读，后剪贴。到目前我已存留了40本《报纸剪贴》。读杂志，我采取先阅读，后做笔记。我的50本《读刊笔记》有摘抄，有评析，也有读后感。教学与教研工作中，我经常翻看这些笔记，它们对我帮助很大。

（二）学书本

读书应该成为教师的一种生活方式，成为教师的一种生活习惯。教师不读书就没法教书，不读书就没法当教师。我作为一个教研员，作为一个"教师的教师"，经常要求教师们读书，那么我自己便为教师们做出了读书的榜样。

我读的书，主要是我自己买的。我非常喜欢买书。我以前买书，一是去新华书店。我只要出差到外地听课学习，一定去逛这个地方的书店。二是邮购，从北京邮购，从上海邮购，从武汉邮购。我现在买书主要是网购了，我也经常去离我们很近的徐州市买书。徐州市有几个大的书店，有徐州博库书城、徐州凤凰书城等。我买的书主要是语文教学方面的，当然还有教育学、心理学、教育哲学、文学、人学（做人的学问）以及教育大师的教育专著和人物传记等。10年前我买语文教学方面的书比较多，国内中小学语文教学名师的书我基本上都买到了，比如于永正、张庆、李吉林、丁有宽、窦桂梅、管建刚、薛法根、钱梦龙、于漪、魏书生、洪宗礼、黄玉峰、黄厚江、王栋生、李海林等。最近几年我买的书主要是国内外专家、大学教授写的教育心理学、教育哲学、教学论、教师论等方面的书，当然也有专家、教授写的语文教学方面的书。这些大学的专家、教授有王荣生、吴忠豪、孙绍振、吴立岗、钟启泉、王尚文、朱永新、潘新和、杨再隋、林崇德、冯忠良、皮连生以及西方教育教学哲学专家。我读书学习的时间一般在晚上。晚饭前，浏览报纸，看看杂志；晚饭后，阅读教育教学著作，大约3个小时。早上时间主要用来写作，一般从4点写到7点，白天主要是上课、听课、评课、讲座等工作。

我读书的主要方式是带着问题阅读，当然也经常有不是为解决问题而读，而是为阅读而阅读，为增加知识、增长见识而阅读。我只要读书，必然做笔记。我写读书笔记是另一种阅读方式。长期的读书使我体会到：为解决问题、目标比较明确而阅读，也能容易读进去，能很快抓住书中关键的东西，服务于当下的问题解决，而为阅读而阅读、没有眼前实际功利的阅读，往往注意力不集中，读不进去。怎么办呢？写！一边读一边摘录或写感受、写评析文章，把阅读引向深入，把注意力引向书里，引向语言文字美妙的世界里。

老师们从我买书、读书的情况介绍，也应该有一些发现：作为一个小学语文教研员，我买的书、读的书却不"小"，大部分都是全国一流的中小学特级教师、正高级教师写的书，是大学里面的专家、教授写的书。这些书不只是语文教学方面，还有教育学、心理学、哲学、文学、人学、教育名人传记等。读这些"巨匠"的书，让我站在了巨人的肩膀上，俯视语文世界，思考语文现象，预测语文未来，历练语文人生，努力成就语文名师。

二、实践

如果说我的读书学习与一般的小学语文教师、小学语文教研员有不同的话，那么我的教学与研究也与一般的小学语文教师、小学语文教研员不一样。这个"不一样"主要表现在我的听课、上课、讲座、研讨与大家不一样。

（一）听课

是教师，就要听课；是教研员，更要听课。而我的听课，一是听课的节数多，每学期我听课平均要在150节之上，这个数字已经保持了20多年。二是每次听课之后，我都要进行整理，写评课，并现场与老师们交流。三是从1999年至今，我每学期都要去徐州、淮北听全国语文名师的课。近20年来，徐州市教育学会每学期都要举办一次全国小学语文名师观摩课活动，我一次都未缺席；近20年来，淮北市教育局教研室，每学年也举行一次全国小学语文名师观摩课活动，我也从未缺席。徐州、淮北这两个城市离我们萧县都只是二三十公里，这就等于我在家门口就能学习到全国小学语文名师的课。我要感谢徐州市教育学会，感谢淮北市教育局教研室。

别人喜欢待在办公室里享受体制带来的"福气"，而我却一有闲空就自觉地走进课堂，走进师生，去调研，去听课；别人听了不评，或总是从自己的好恶出发做"我以为"的评课，而我不仅听课必评，而且从语文的学理、从语文教学的哲学思维、理论思维去评课；别人不想占用自己星期六、星期天的时间去听课，而我却把休息放在脑后，只要有学习名师的机会，从不放过。这也许就是我与别人不一样的听课吧！

（二）上课

我们知道，上课是教师的事，教研员没有上课的要求，更没有上课的硬性任务。实际情况看，教研员上课的也极少。可是，徐州市鼓楼区教研室主任、全国著名语文特级教师于永正，却非常喜欢上课，几十年一直坚持上课。我经常去徐州听课，经常听于永正老师的语文课。我从于老师身上，不仅学到了他上语文课的方法、技巧，学到了他的语文教学思想，而且还学到了他身体力行勤于走进课堂上课的做法。我始终认为，在全国所有的小学语文名师当中，于永正老师是对我影响最大的一个人。我从内心里非常感激于永正老师。

从2001年以来，我每学期都要到全县各乡镇学校去给老师们上示范课、上研究课。上阅读课，低、中、高年级的课我都上，每学期不少于10篇课文，每篇课文一般为2课时；上作文课，从三年级至六年级的作文，我已经上了四个循环。我上课，既有面，又有点。面，即全县各乡镇的中心小学、布点学校，也经常到教学点去上课；点，我有3个实验学校，即萧县师范附属小学、萧县华美小学、萧县丁里镇中心小学。我上课的目的、任务，主要是探讨如何落实《语文课程标准》的教学目标、教学要求与教学理念。17年的上课让我深深地体会到：作为一个教研员，只听别人上课，再去评课，评课时往往会让老师们觉得你这个教研员"站着说话不腰疼"，评课缺乏针对性，老师们不能乐意接受；而如果教研员亲自"下水"，亲自上课，对教材的理解、对教学的把握、对学情的认识，就与没上课大不一样，对老师们课堂教学的评价会更贴近实际，更能走进老师们的内心，更能让老师们心悦诚服地接受。一句话，纸上得来终觉浅，绝知此事要躬行。

多年的上课，不仅让我留下了12本《上课与反思》，而且还让我留下了对语文教材、对语文教学深切的理解与感受,让我留下了对一线广大的小学语文教师的深切理解与同情。语文教师天天上课不容易呀!把每一节语文课都上好,都上得让学生喜欢,更不容易!多年的上课,让我有了多方面的收获!我要感谢上课,感谢我上课的班级学生!同时我还要感谢经常听我课的、热情与我交流的广大小学语文教师!

(三) 讲座

是教研员都要讲座。我进行语文教学讲座,一是讲座之前我要调查。讲座解决的问题来自于一线的教学实际,讲座的建议与要求由一线的广大教师提出。这样,才能提高教学讲座的针对性和实效性。无怪乎,广大老师们一致认为,我的教学讲座非常贴近教学实际。二是讲座之后我要回访。每场教学讲座中间休息的时候,我常常走进听讲座的老师们中间,向他们询问讲座的效果,这样讲行吗?根据老师们的意见,我下半场要及时地进行调整。一场讲座结束了,我也要及时走进学校,向老师们了解讲座的收获,了解他们在落实运用时会遇到什么困难,让教学讲座化为老师们的有效行为。三是讲座的专题与场次很多。从1999年以来,我除了完成教研室安排的少量的语文教学讲座之外,每学期都有一个固定的全县小学语文教师培训方面的专题讲座。我是教育局聘请的全县小学语文教师继续教育培训首席讲师,每学期我都要对老师们进行语文教学专业发展方面的培训。到目前为止,我累计进行了36个语文教学方面的专题讲座,每个专题一般讲10场(即10个乡镇),每场讲三四个小时。这些讲座的专题从来没有重复的,涉及了小学语文教学的方方面面。我多年的语文教学讲座,既不重复自己,也不重复别人。每次讲座,我从不想偷懒省事,用现成的。即使写同一个专题,我也重新思考,变换角度,改变例子。我总认为,每选择一个新专题,写出一个新的讲座稿,既是对自己的挑战,也是对自己的锻炼,是提升自己的极好机会。四是开展多种类型的教学讲座。我面对多方面的老师开展了语文教学专题讲座,既有接受继续教育、接受国培的广大小学语文教师,也有接受骨干教师培训的比较优秀的语文教师,还有新入编接受岗前培训的新手教师,还有接受教学管理培训的广大小学校长。

多年的教学讲座也让我有了丰硕的收获。这些收获,不仅有近百万字的讲座稿,还提高了我的语文教研水平,提高了我的写作水平以及口语表达水平。

总之，经常开展语文教学专题讲座，不仅让广大教师受益，让学生受益，我也受益颇多。

（四）研讨

我组织开展的语文教学研讨活动，有三种形式。一是围绕某一专题召开的研讨会。多年来，我先后组织开展了作文教学研讨会、阅读教学有效性专题研讨会、学情视角下的语文课堂教学重构专题研讨会，以及写字教学研讨会、口语交际教学研讨会等。二是听课之后的课例研讨会。我到基层学校听课，听过之后，便组织老师们开一个研讨会。研讨会上，我主持，我主评，老师们各抒己见，热烈发言。三是下乡调研时随机召开的研讨会。我走进学校，最喜欢去的地方是老师们的办公室，最喜欢交流的是语文教师。所以我在学校老师们的办公室里，经常召开随机性的语文教学研讨会。参加研讨的人员，少至二三人，多至七八个人、十几个人；研讨的时间也不固定，少则十分八分钟，多则二三十分钟，研讨的专题，就是老师们当场给我提出的教学问题。

听课、上课、讲座、研讨，是读书学习之后的实践，是我知后的行动。这些实践，既是对读书学习所获知识的运用，也是对读书学习内容进一步的消化、吸收，还为下一步的思考与写作积存了养料。读书是学习，实践是更好地学习。有了这些学习，才为下一步的思考、写作打下了扎实的基础。

三、思考

我这个人是一个喜欢思考、善于思考的人。许多教学、教研上难以解决的问题，经过深入的思考，便有了解决的路径，有了解决的办法；许多为人处世上遇到的比较难以处理的问题，经过深入的思考，长时间的思考，也便让我有了出路，看到了光明，鼓起了勇气，找回了自信，也找回了快乐！思考是人生的总开关，思考是教书育人的总开关。是大胆思考、独立思考、辩证思考、逆向思考、灵活思考、创新思考，成就了我的个性，成就了我的特长，成就了我的事业。我崇拜思考，也乐于思考，我要衷心地感谢思考。

我平时喜欢学习摘抄关于思考方面的名言，也喜欢阅读关于思考方面的书籍。世界上许多大科学家、大思想家、大哲学家的书籍，我都喜欢看。我读过的关于思考方面的书籍有：《如何进行批判——孟子的愤怒和苏格拉底的忧伤》

《学会思考，人生就不一样》《教会学生思维》，还有"千年十大思想家丛书"，包括：《永不熄灭的圣火点燃者——马克思》《相对论和新思维首倡者——爱因斯坦》《照亮宇宙的智慧之光——牛顿》《揭示物种起源的伟大科学家——达尔文》《经院哲学的集大成者——阿奎那》《探索宇宙奥秘的思想家——霍金》《德国古典哲学的奠基人——康德》《近代西方哲学之父——笛卡尔》《破解电磁场奥秘的天才——麦克思韦》《诗人哲学家——尼采》。

　　平时的闲暇时间，我不喜欢去人多的地方，不喜欢在那里闲聊。就是锻炼身体，我也不喜欢"扎堆儿"，喜欢一个人走路。我平时喜欢独处，喜欢一个人在安静的地方散步。我就是利用走路、散步的时候进行思考。有时为了写文章，为了化解心头上的困惑、疑难，我常常在那个安静的地方来回地踱步。我的家住在萧县师范。萧县师范依山而建，它的后院是一个小山坡。山坡上的树特别多，苍松翠柏，遮天避日。学校在后院山坡的苍松翠柏之下修了许多水泥小路，我就经常在那些小路上散步、思考。我把我经常踱步思考的那一段40米的林荫小路，称之为"智慧之路"。我的文章、书稿中的许多内容，都是在那条小路上思考出来的；工作、生活中许多困惑和烦恼，也都是在那条小路上化解掉的。

　　我觉得，一个人要学会独立思考，养成独立思考、批判性思考的习惯。一个人有了独立思考，有了批判性思考，才会有创造性思考，才会有创新的思想，也才能做出创新的事情，取得创新的成果，写出创新的文章。

四、写作

　　我在做中小学教师期间，也喜欢写作。不过，那个时候的写作，主要是写学校和社会上的新闻报道。为师之初的几年，我曾经是县委宣传部聘请的业余通讯员，经常为萧县人民广播电台写稿。每当我的新闻稿件被县广播电台播出后，我的心里就十分高兴。稿件被采用，电台广播了，不仅让我收到了1~2元的稿费，还让我体会到了采访、写作的成就感，体会到宣传农村、宣传农民、宣传教育、宣传学校、宣传师生的愉悦感。

　　我真正地学习写语文教学方面的文章，是从1994年9月我进了县教研室当了小学语文教研员之后。我一开始学习写教学方面的文章，也和广大的教师们一样，不知道论文怎么写，写了许多文章，投了许多杂志，都是石沉大海，杳无音讯。这种情况下所需要的，就是坚持，就是反思。经过两三年的煎熬，我开始意识到应该先学后写。于是，我订了《小学语文教学》杂志，阅读了小学语文教师培训方面的书籍。我开始读杂志、读书。后来，我的一篇语文教师成长方面的文章，终于发表在1997年第2期《中小学教师培训》杂志上。这篇文章的发表，不仅让我收到了40元的稿费，且更让我找到了自信，看到了希望。但是，写作的路子并不那么顺利，之后一两年，我又写了几篇小学语文教学方面的稿子投给了《小学语文教学》，都没有回音。1999年9月我去徐州听课，讲课名师在说课的时候讲到，教师学习写作，别想一口吃个胖子，要从小文章写起，从教学日记写起，日记写长了，慢慢地就能学会写比较长的文章了。于是，从2001年开始，我就不再急于发表文章了，而是转入练习写小文章、写日记、写随笔。正是因为我天天写日记、写随笔，才逐渐把我引上了学会写作之路。

2001年，我正式踏上了学习写作的快车道，学习写作的内容主要有以下几个方面。一是写"读"方面的。我长期坚持写学习报刊书籍的《读刊笔记》《读书笔记》，长期坚持写向生活学习的《光明日记》。二是写"教"方面的。我长期坚持写《教学随笔》。三是写"研"方面的。我一开始写教学论文，在2000字左右，后来我喜欢写长文章，大都在6000~8000字，有的在1万字左右。这些长文章也多次被《语文教学通讯》(小学刊)发表，被《小学作文创新教学》发表。我有十几篇论文分别获得了全国小语会一等奖、安徽省教科院一等奖，字数都在1万字左右。2017年11月，我的一篇7500字的语文教学论文，又获得省教科院一等奖。四是写书。至今，我已出版了四部书，分别是：《教学的智慧——献给奋战在农村的小学语文教师》(中国矿业大学出版社2010年9月出版)；《诊断式作文教学探索与教例》(福建教育出版社2015年1月出版)；《诊断式阅读教学探索与教例》(福建教育出版社2015年12月出版)；《小学语文名篇朗读要诀》(福建教育出版社2017年5月出版)。

我始终认为，如果没有孜孜不倦地读书学习，没有勤勤恳恳地躬身实践，没有积年累月地思考写作，我不敢想象全国公开出版发行的教学杂志能发表我那么多篇幅较长的文章，不敢想象我的十几篇论文能获得那么高的奖励，更不敢想象全国著名的高校出版社、教育出版社能一次又一次地公开出版、全国发行我的教学著作。我要感谢学习，我要感谢实践，我要感谢思考，我更要感谢写作！

五、热爱

我为什么能持之以恒地读书学习，为什么能坚持不懈地实践探索，为什么能日复一日地缜密思考，为什么能乐此不疲地撰文写作，这一切都源于我喜欢，我热爱！源于我对这项工作的浓厚兴趣！

热爱是干好事业、学习写作最好的老师。因为热爱，就不怕困难，不畏挫折，不服失败；因为热爱，就能持之以恒，坚持不懈，坚持到底；因为热爱，就能产生毅力，产生韧劲，产生耐心；因为热爱，才能执着，才能勇猛，才能大胆；因为热爱，我才不与人争名夺利，不与人斤斤计较，不患得患失，心无旁骛地只干一件事；因为热爱，我才心胸宽阔，视界高远，不被浮云遮望眼，让我看得更高，走得更远！总之一句话，只有热爱，才有事业，才有写作，才有人生的辉煌！

热爱的前提是学习，热爱的前提是理解，热爱的前提是用心，热爱的前提是谦让。认真学习她了，理解体会她了，忠心耿耿地去对待她了，专心致志地去奉献她了，那么你不知不觉地就会爱上她了——崇高而伟大的教育事业。

第三节　语文教师写作的八种类型

一、读书笔记

读书笔记记什么？我们读经典名著、读报刊杂志，要随时记下读物的要点，要记下读物中那些言简意赅、文质兼美的语句，要记下最关键的内容，比如作者的主要观点和次要观点，还要记下自己阅读时产生的感受、体会、见解和评述等。

读书笔记怎么记？一是一丝不苟、耐心细致地记在专门的本子上。看到自己记下的好多本《读书笔记》，有阅读的成就感，心里挺高兴的。二是经常翻翻看看，记在自己的大脑里。写读书笔记的主要目的是为了让自己积累知识，增加见识。因此，读书笔记不能只记在本子上，还要让它从本子上转移到自己的脑海里。我们知道,于永正老师在他的语文课上,经常结合教学内容随机对学生讲一些教育教学的名言佳句,在发表的文章中也经常引用一些专家名人的话,这都是源于于老师有经常翻看、用心记忆笔记内容的习惯。写不是主要目的,用才是目的。三是有计划地天天读,天天记。我们要让读书学习成为生活的一部分。毛泽东主席是我们全国人民读书学习的榜样。他告诉我们,他一天不吃饭可以,而一天不读书则不行。从这里可以看出他老人家对读书的渴望。我们翻看他老人家读过的书,字里行间到处留下了圈圈画画,天头地脚到处写满了批注评述。而且从所写笔迹的不同,也可以发现他老人家所读不是一遍,而是几遍十几遍,有的好书他甚至读了几十遍,直到逝世前还在读。从毛泽东主席的读书经验,我们对"读书记在何处"的问题也可以做灵活处理。读书到底记在何处为好呢?根据个人的习惯,既可以像当前大多数名师那样,把读后留下的成果记在专门的本子上,也可以像毛泽东主席那样,直接写在书上。记在专门的本子上,便于翻看查找,也便于进行不同观点的比较;直接写在书上(只能是书,不能是报刊杂志),回头再翻看时能与原文对照阅读,等于把读过的书又浏览了一遍,这时候往往还会产生许多新的想法。

二、教材分析

写教材分析,就是我们研究、分析教科书时,记下研究、分析的成果。有些老师可能会认为,我们备课写教案时不已经写上"教材分析"了吗?为什么还要再专门写下对教材进行研究、分析所留下的东西呢?其实,写读书学习中的"教材分析"与备课写教案时的"教材分析"是有不同的:前者可对教材进行仔细研读,写作时充分展开,可以写成长篇大论;后者则是前者的压缩、概括,考虑到一篇教案的整体结构,不允许把教材分析写得十分详尽,不能写成长篇大论。也就是说,前者是后者的基础。经常写教材分析,能让自己从从容容、耐心细致地研读教材,准确透彻地把握教材,科学合理地确定教学目标,贴合实际地制订教学设计。写教材分析,还能不断提高本人解读教材的能力,进而提高自己语文教学专业水平。如果不这样做的话,草草率率地读教材,参考《教师教学用书》或者从书店买来的所谓的"教材全解""优秀教案"等,急急忙忙地在教案本子上写上(或抄上)教材分析,这对语文教学、对本人专业成长发展，基本上没有什么帮助。全国著名特级教师窦桂梅就有认真研读教材、经常写专门的教材分析的习惯，我们应该向她学习。

教材分析，有对单篇课文的分析，也有对一本书的分析，这里主要谈对单篇课文的分析。教材分析写什么？主要写自己独立研究教材时对思想内容、语言运用的理解与发现。当然，也可写上对作者的介绍，写上作者写这篇文章的时代背景，即作者为什么要写这篇文章；写上作者是如何写出这篇文章的，即作者的构思，对材料取舍、材料安排的过程；写上对教学的思考与认识；也可以写上运用语言时的一些故事，写上阅读与之有关的同一题材其他作家文章的收获、体会；写上通过比较后留下的对教学的思考与认识。

教材分析怎么写？一是要运用专门的本子进行写作。二是选择一些自己比较喜欢的、比较重要的课文，下功夫研读，进行写作。要让老师们在平时备课时对每篇课文都下很大的功夫进行研读，并且写出长篇大论的教材分析，是不现实的。教师可以根据自己对课文的喜欢，根据课文的重要程度，也可以根据自己上公开课的需要，有选择地写教材分析。一般来说，一册书能写上十课、八课教材分析就不容易了。三是研读教材是关键、是重点，深入思考、撰写分析，是成果表达。教材研读得好，研读得透，才能留下好的分析，留下直逼文章本质、直逼编辑意图、贴合学情实际的分析。四是最后还要写上对教学的思考，即对课堂教学"教什么""怎么教"的思考，包括教学目标、教育内容、教学重点、教学难点、教学方法、课件运用，以及教学过程中几个板块的设计等。

三、教学反思

教学反思，即对教学状态、教学效果的思考。写教学反思很重要。华东师范大学的叶澜教授曾经告诉广大的中小学教师：从教师教学能力的提高、专业水平的发展来看，教师写三年的教案不如写一年的教学反思。希望老师们都要养成写教学反思的习惯。

教学反思写什么？写课堂上你教了什么，怎么教的，学生实际上学了什么，怎么学的，学生学习的效果如何。还要写上一堂课为什么会出现这样的教学效果，比如教师的教学内容是否正确，教学方法是否得当，教学过程是否合理，师生关系是否和谐，学生主体作用是否充分发挥，教师启发引导是否适时精准等。当前的语文课堂，尤其应该值得反思的是：课堂上是不是引导学生学习了语言文字运用，是不是引导学生通过理解语言、品析语言运用、感悟表达，进而理解、感悟思想情感；一节课下来，学生是否留下了课文的语言运用，是否从语言运用中体会到文本的深厚情感，能否声情并茂地朗读课文，能否有独立思考的精彩发言，能否养成非常浓厚的读书兴趣和良好的读书习惯。

教学反思怎么写？一是写在专门的《教学反思》本子上。二是天天写，及时写。语文教师的语文课，一般安排在每天上午，那么教师在下午或晚上，要及时写上当天的课堂教学反思。语文教师要天天写反思，年年写反思。写个三年五年，十年八年，写着写着，你就会变了，最后一定会写出与现在大不一样的你！三是写之前一般要思考，回忆上过的课。也可以走进学生中间，调查了解学生对课堂学习的反映，对课堂学习的感觉，对课堂学习的收获，或从他们的作业练习中看出学习的效果。四是写教学反思尤其要注意剖析原因，总结经验，找出教训。五是如果有别的教师来到自己的教室听课，或者是学校公开课，那么课后在写教学反思之前要注意倾听听课教师对课堂的看法，即借助别人的大脑帮助自己反思。六是反思出来的问题，要努力在后续的课堂教学中加以解决，缺点加以改正，真正发挥教学反思促进教学的作用。

四、教学评析

教学反思是反思、评价自己的课堂教学，而教学评析则是评价分析别人的课堂教学。听了别人的语文课，或是阅读了别人发表在报刊杂志上的语文课堂教学实录，则可以写出听课后的看法或阅读后的感受。这里的教学评析也有别于听课记录本上的评课。听课记录本上的评课，一般在听课记录的下面，简要写上几条评价意见，而且不一定十分客观，因为这是听课的即时评价，时间比较短促，思考还不充分。我就有这个体会，经常在晚上翻看白天的评课，发现有些观点、看法欠妥，不完全符合课堂教学的实际。而这里所说的教学评析，不论评价、分析别人的课堂教学，还是评价、分析别人发表在报刊杂志上的课堂教学实录，因为有了充分的阅读，即充分地阅读分析自己的听课记录，或充分地阅读分析别人的课堂实录，并且有了充分的时间思考，所以，写出的评价意见就比较贴近教学实际，提出的教学改进建议也比较中肯。

教学评析写什么？一是教材内容。即教师教的课文在教科书哪一册、哪一组，这一组的主题、教学要求是什么，所教课文的思想内容、写作方法是什么，编辑编选这篇课文的意图又是什么等。二是教学内容。即执教教师在实际的课堂教学上教了什么，包括确定的教学目标，选定的教学内容，确立的教学重点、教学难点等。三是教学方法。即执教教师在课堂上为实现教学目标、完成教学任务所采取的教学方法，运用的教学手段，以及教学过程等。四是写上教学状态。即课堂上学生学习的表现，如积极性、主动性、学习情绪、发言的质量，还有教师的表现，如教师情感投入、教学基本功展示、教师提问的有效性、启发的精准性、评价的针对性、表扬的及时性等。五是写上教学效果。即学生最终学习的收获，学生上课前后的学习变化，比如学生的读书变化，学生知识能力的收获，学生对学习方法的收获，以及情感态度的收获等。六是写上教学原因。即教学效果好，为什么好；教学效果不好，为什么不好。主要剖析教师教学目标的制订，教学内容的确立，教学方法的选择，教学手段的运用，教学过程的合理安排，以及学生主体作用的发挥，教师主导作用的发挥等。

教学评析怎么写？一是依然写在专门的《教学评析》本子上。二是写教学评析之前，要对执教者执教的课文认真地解读、研究。三是认真细致地思考、分析自己的听课记录或别人的教学实录。四是注意教学评析的几个板块。教学评析一般包括：题目——《×××》教学听课评析或《×××》教学实录评析；教材简析——评析者对这篇课文解读的体会、看法；教学内容——执教者教这篇课文的教学目标、教学任务等；教学方法——为完成教学内容，执教者是怎么教的；教学效果——课堂上学生学习的状态、学习的收获等；教学原因——教学效果好或差的原因是什么；教学建议——教学需要发扬或保持的地方，或需要改进的地方。

五、教学总结

这里所说的教学总结，不同于一些老师在学期末为应付学校统一布置的任务而写的质量一般的教学工作总结。这里让老师们写的教学总结，必须是符合语文学科教学思想的、有一定教学创新和个人独特见解的教学经验总结。

教学总结写什么？教学总结一般包括五个方面的内容，即我做了什么，我是怎么做的，我做得怎么样，我有什么不同于别人的教学经验，我以后该怎么做，才能把教学工作做得更好。

教学总结怎么写？一是明白教学总结的类型。教学总结分为一般性的总结和专题性的总结。一般性的教学总结，即对一段时期以来全面的教学工作总结，包括备课、上课、教学辅导、作业布置与批改、学业成绩测评等；专题性的教学总结，即对一段时期以来某一方面的教学工作进行总结。比如，使用一年级部编语文教科书教学工作总结，使用二年级部编语文教科书教学工作总结，部编语文教科书识字教学工作总结，部编语文教科书写字教学工作总结，部编语文教科书汉语拼音教学工作总结，还有朗读教学工作总结，阅读教学工作总结，作文教学工作总结，口语交际教学工作总结等。二是明白教学总结的时段。教学总结一般是一学期总结一次，或一学年总结一次，而有的教学总结时段则比较灵活。某项工作告一段落，可以进行一次总结。比如，几个星期把汉语拼音教完了，可以总结一次；两年时间的低年级写话教学，可以总结一次；两年时间的中年级作文教学，可以总结一次；四年时间的中高年级作文教学，可以总结一次；六年时间完成了一轮小学口语交际教学任务，可以总结一次。三是写教学总结之前，必须调查。不论写什么类型的教学总结、什么时段的教学总结，写作之前都要调查，包括对这一时期以来所积累的形成性材料的书面调查，以及对有关人员的调查。比如调查学生，可以通过问卷或检测进行调查。通过调查，掌握事实，是确保教学总结真实性的前提。四是要实事求是。教学总结应是一个时期以来教学的真实反映，来不得半点的虚假和夸大。通过各种有效方式，调查出了实情，还要写出实情，再现出真情。五是要努力挖掘教学工作中创新的东西。对教学的事实，要作科学的分析，准确地判断，发现创新的做法，总结创新的经验，发表创新的见解，提出创新的建议。教学总结的创新性，要予以突显。要写出与自己过去不一样的教学总结，写出与别人不一样的教学总结，要让自己有真正的自我革新、自我进步的价值，也要让别人有真正学习借鉴的价值，对教学工作真正起到促进作用。

六、教学论文

老师们都非常看重教学论文，但又怕写教学论文，为什么呢？看重教学论文，是因为教师评职称、评特级需要教学论文；怕写教学论文，又是因为许多教师不会写教学论文。因为不常写，不会写，所以必须写教学论文时，一些教师往往首先想到上网，参考别人的论文（这是比较好听的说法，实际上有的老师是一大段一大段地抄袭）。而当前论文打假又非常严厉，各级评审部门把老师们交上来的论文，选出几处重要文字，上网一搜，只要发现有与网上完全相同或大致相同的文字，便一票否决，取消参评资格。许多青年教师，公开课上得挺好，评上了市教学能手、省教坛新星，二级教师评上十几年了，但就是缺少教学论文，结果一级教师总是难以评上。这些青年教师太令人同情了！教学论文对老师们来说非常重要，但又是青年教师成长发展的"瓶颈"。那么，怎么解决教师们写教学论文的困难呢？

什么是教学论文？围绕某一个问题进行有理有据的论述的文章，就叫做教学论文。教学论文也可以叫做论说文。大家都知道，论说文必须有论点、论据、论证。论点，即作者在文章中所要阐述的最主要的观点，对解决某一问题提出的不同于别人的看法；论据，即支持作者观点、看法的事实依据；论证，即作者运用这些事实材料一层一层地展开论述，层层递进地证明自己的观点、看法的逻辑推理过程。这就是论说文的三要素。教师们写论文，首先要立意，要对教学中的某种现象、某个问题的解决，经过思考与联想，形成自己的观点，有了自己的看法，即有了论点；其次，教师们要研究这个问题，并注意积累大量的支持自己观点、看法的事实依据，比如教学的例子，以及从阅读中积累的专家、名师发表的有关这个问题的言论，即论据；最后，教师们要经常练笔，不断提高语言文字论述能力、表达能力，提高语言文字组合能力、运用能力，这就是论证。也就是说，教师们为了写成一篇教学论文，头脑中必须具备论文的"三要素"，必须能满足论文所需要的三个条件，即：留心问题，思考问题，形成观点；研究问题，解决问题，积累论据；运用语言，组合论据，证明观点。

教学论文可以写什么？教学论文的写作内容，也就是教师平时应该注意观察思考的那些教学问题，致力于研究解决的那些教学问题。我觉得，教师们致力于研究解决的问题，应该是教学中不符合课标要求、不切合学生实际、阻碍学生发展、影响教学质量、普遍存在、长期存在而大家又感到比较难以解决的问题。就语文学科来说，比如阅读教学中教师引导学生学习语言文字运用的问题，口语交际教学中提高学生口语交际水平的问题，综合性学习教学中培养学生主动参与、协调合作、进行有效学习的问题；再比如教师们在使用部编语文教材时所遇到的汉语拼音教学问题，识字写字教学问题，阅读教学问题，口语交际教学问题，以及写话教学问题；还有培养学生的读书兴趣问题（温儒敏先生把解决这个问题作为语文学习的"牛鼻子"），培养学生良好的读书习惯问题，语文课堂教学引导学生掌握学习方法的问题，培养学生朗读课文的能力问题，语文课堂上教师提问有效性的问题等。可以说，教师们只要想研究解决教学中的问题，那么你就会发现教学中有许多等待你研究解决的问题。

总之，教师们研究解决的教学问题，来自于《语文课程标准》的要求，来自于教师们的语文教学实践，来自于学生的语文学习。当然，如果你潜心解读、研究语文教科书，也能发现许多值得解决的问题。一个有事业心、责任心的教师，一个不满足教学现状、积极进行教学改革的教师，他会有许多问题需要解决，他也能解决许多问题，他当然也能写出许多高质量的教学论文。

教学论文应该怎么写？教学论文应该先做后写。教师们有了需要研究解决的问题，接下来便是脚踏实地地去研究、去实践、去解决，有了研究解决的成果、经验、体会，最后才是写作。教师们经过实践，把问题解决了，有了比较丰富的实践经验体会了，最后把"做"出的东西写下来，便是水到渠成的事。前边第四章介绍的"教学科研技能"，有观察研究、调查研究、行动反思研究，以及教育科研课题研究，都强调了"做"，最后写出的观察研究报告、调查研究报告、行动反思研究报告，以及课题研究报告，从某种意义上说，这些研究报告都是"做"出的论文，都是非常好的论文。也就是说，一篇好的教学论文，是"做"出来的，不是硬写出来的。写教学论文所需要的"做"，既包括教学实践，也包括阅读实践。许多教师之所以觉得教学论文难写，那是因为他们没有好好地"做"，当然也因为他们平时懒得读书，懒得动笔，写得少，不会组织语言文字。教师们在"做"的阶段，应注意以下五点：一是根据研究解决的问题，想好解决方法、步骤，以及时间阶段，一学期、一学年或两学年；二是在规定的时段内，按课标要求规规矩矩地做，踏踏实实地做，耐心细致地做；三是注意留下比较丰富的、很有说服力的事实材料；四是要力争把问题解决好，取得相应的成果；五是注意思考带有创新性、个性化的做法、经验、体会。

至于教学论文的写作阶段，老师们还应注意以下几点。

一是立意。即确立这篇论文向读者论述的中心论点,也可以叫做文章的主题。作者根据从教学实践、阅读实践中积累的材料,分析这些材料的属性,弄清它们之间的关系,思考这些材料能解决一个什么问题,说明一个什么观点。立意,也叫做文章的中心,这个中心也就是"通过什么什么,论述了什么什么,最后得出什么结论"。心中有了这个文章的中心,眼前的材料都应该指向它,服务它。也就是说,材料服务中心,中心统领材料。

二是命题。所命标题要让人觉得比较陌生、有新鲜感,有理性色彩,又生动有趣、有吸引力。题目是文章的眼睛。从题目上能看出作者的核心观点或作者要论述的主要内容。题目要新,角度要小,言简意明,形象美妙。请看下面几个论文的题目:《分层递进,一课一得——以部编一年级上册〈青蛙写诗〉的标点教学为例》《童真 童趣 童言——部编教材二年级上册童话教学的三个关键点》《基于学习方式变革的"1+1"助学课堂》《学生在文字中遇见世界——小学游戏教学的实践与研究》《小学语文说理文教学存在的问题及对策》《"眼见即口诵,耳识潜自闻"——小学语文教学诵读的研究与实践》《指向语文核心素养的神话教学策略》《温柔的唤醒——我的作文教学点滴录》等。

从以上这些题目就大致可以看出作者在文章中论述的核心观点或作者在文章中论述的主要内容,它们依次是:教好标点,也能让学生一课一得;低年级童话教学的三个关键点;基于学生学习方式的转变,教师的助学策略;如何教小学教科书中的游记课文;如何解决小学语文说理文教学中的问题;小学语文教学中诵读的研究;神话教学如何落实语文核心素养;作文教学的唤醒策略。读者从这些论文的题目,会思考、会悟出作者在文章中要论述一个什么内容,解决一个什么问题,表达一个什么观点。文章中论述的这些内容,解决的这些问题,恰是大家都比较关心而且又难以解决的问题。所以,这些问题便能引起读者的关注,引起读者阅读文章的兴趣。

三是选材。即根据所立的"意",根据所命的"题",从积累的大量的事实材料中,选择出几个比较突出的、比较典型的、自己比较欣赏的而又能很好地服务于立意和文题的教学实例材料,或其他有助于表达作者观点的事实材料,比如一些专家、名师在这方面发表的言论等。

四是列纲。即根据所选材料,根据作者对这个问题的思考、看法,列出提纲。

列纲也叫做组材,亦即搭好文章的框架。文章的框架也可以叫做文章的结构。文章的结构要精巧。所谓"精巧",即要层层推进,循序渐进,详略得当,条理清晰,上下圆合。论文的"上下圆合",即两头小,中间大,上下一体,首尾照应。写论文也就是摆事实,讲道理。列纲就是运用上面选好的事实材料,向读者一层一层地摆事实,一层一层地讲道理,从而让读者明白作者最终要阐述的道理。选材即是选出论据,列纲即是进行论据的组合。论据典型而又充分,论证清楚而又严密,论点鲜明而又新颖,这才是好的论说文。

　　五是写作。论文选好了材料,列好了提纲,然后运用材料依纲论述,便是比较容易的事了。写作阶段要注意语言的运用。对论文的语言运用,总的要求是:准确,生动,通俗,易懂。切忌运用那些别人难以理解的生僻的术语,作者本人也不要生造术语。论文的语言即大家都能看得明白的大众化语言,是娓娓道来、亲切感人的语言,是读者喜闻乐见的语言。我们知道,毛泽东主席是写文章的大家。他的政论文章,旁征博引,事实充分,论证严谨,层层深入,而且语言风趣,嬉笑怒骂,生动形象。鲁迅先生的杂文也是如此,论点鲜明,论据充分,语言犀利,结构巧妙,短小精悍。陶行知先生发表的大量的教育论文,篇幅一般也不长,但能抓住要害,针砭时弊,热情洋溢,感情充沛,语言生动,有很强的可读性。而叶圣陶先生发表的大量的关于语文教学方面的论文,除了具有上述议论文的一般特性,他的文章语言就像对别人面对面说话一样,像与别人拉家常一样,娓娓道来,通俗易懂,吸引读者。

　　六是修改。我们读了前面的名师写作经验介绍,已经大致知道了如何修改文章了。对于论文的修改,我们把握的总体原则:一是论文修改不仅是改语言,更重要的是改思想。论文改思想,可能要涉及观点的再度提炼,题目的再次斟酌,材料的优选增删,结构的重新构建。当然,如果我们在动笔之前有了充分的构思,文章写好后,一般不会作太大的改动。这样看来,文章的酝酿构思十分重要。文章的酝酿构思,也就是我们平时所说的"打腹稿"。"腹稿"打得好,文章的草稿才写得易,而且还不会有太大的偏差。二是论文修改特别需要耐心。我们都知道,文章不厌百回改。对文章实现"百回改",要的是耐心,要的是"冷处理"。我 2017 年上半年写过一篇 7500 字的论文《课程改革深化呼唤真正的语文课》,参加安徽省教科院举行的"2017 年中小学教学论文评选"

活动,获得了全省一等奖,而且还排在一等奖的首位。我县许多教师对我羡慕得不得了。其实他们不知道,我写这篇文章前后花费了五六个月,最后修改时还对文章的选材和结构进行了大的调整。三是论文修改不仅需要默默地看,而且还要需要出声地读。一般的人修改文稿,都是静下心来默默地看,尽量多看几遍。我的体会是:有了默读的基础,再加上出声朗读,会把文稿修改得更干净,更流畅,更生动,更完美。不信,老师们可以试一试。四是以阅读、实践促进写作与修改。一篇文章写了几个月,又修改了一两个月,在这个过程中,我们再去阅读与这篇论文有关的文章、书籍,再去留心地进行教学实践,这样会进一步促进我们把文章写得更好,把文章修改得更完善。

总之,初学写作的教师,只要你按照形成一篇文章的规律办事,运用正确的写作方法,一步步地慢慢来,具有足够的写作耐心,先读后写,先做后写,先思后写,那么,经过一学期、一学年或两学年的努力,一定能写出让你十分满意的教学论文,一定会写出让别人给予好评的教学论文。

七、下水作文

下水作文,即教师为了教学生写作文,自己必须先写作文,尝尝写作文的难易,体会"作文之水"的深浅。这样,有了写作的经验,有了写作的体会,再去教学生写作文,一定会收到好的教学效果。如果不这样做的话,教师只是在"岸上"对学生写作文指手画脚,空讲道理,那么学生听起来往往会觉得如堕云里雾里,仍听不懂。教师教学生写字,自己必须能写一手好字;教师教学生画画,自己必须是绘画的高手;教师教学生朗读课文,自己必须能把课文读得非常精彩。同理,教师教学生写作文,自己必须会写作文,必须能写出好文章。语文教师站在讲台上教语文,你自己就是语文;语文教师站在讲台上教作文,你自己就是作文。当前学生不会写作文、怕写作文,原因是多方面的,但有一个最重要的原因,即大多数语文教师自己不会写作文,不写作文。作文课上,教师只是从一般的大道理上给学生讲作文的要求、方法,不能从自己的切身感受上、得失经验上对学生写作进行有效地交流与引导。所以,语文教师要教学生写作文,自己必须亲自"下水",写"下水作文"。

下水作文写什么?凡是学生写什么作文,教师都应该走在学生前面,也写什么作文。从小学语文教科书来看，教材编辑基于课程标准对学生练习作文的总体目标，主要编排了让学生写记实作文和想象作文。记实作文，即学生记叙从生活中看到的、听到的、想到的和实际经历的人事物景，如写人作文、叙事作文、写景作文、状物作文。想象作文，即学生从生活实际出发，展开想象写出的作文，如对未来展开想象和编童话故事，以及对文章进行的续写、扩写等。除此之外，教材还编排了学生练习写日记、书信、读后感、缩写等。这里需要明白的是：教材编排学生练习写的作文，在每组课文后面的"语文园地"里，而"语文园地"里的作文有时不只一题，而是出了两三个题目，这些题目有难有易，供学生任选一题。学生选作时往往避难就易。而那些让学生觉得难写的作文，恰是学生写作的"冷门"，恰能训练学生的写作能力。所以在这种情况下，学生怕难教师不能怕难。教师要有意选择那些学生认为难写、一般不去写的作文，写给学生看看，给学生做出示范，让学生受到启发，并在难写的作文练习中，增长知识，训练技能，提高水平，树立写作的自信心。

下水作文怎么写？总的原则是，学生平时是怎么写作文的，教师也应该怎么写。也就是说，学生的写作方式、写作姿态，就是教师的写作方式、写作姿态。不过，教师的写作是为学生做出示范的，所以，教师的写作方式、写作姿态不仅应该相似于学生，而且还应该优于学生、高于学生。具体来说：一是教师的作文内容应该贴近学生。教师应该经常走进学生，体验学生的生活，把握学生眼中所看、耳中所听、手中所做、心中所想的生活，以便在作文中也能写出与学生作文相似的内容，抒发与学生思想相似的情感。二是教师的作文形式也应该贴近学生。教师给学生写的下水作文，应该短小精悍，结构简单，语言简练，通俗易懂，生动形象，应该表童心，抒童情，展童趣。教师写出这样的作文，学生才乐意听，乐意读，乐意学。

下水作文怎么用？教师写下水作文，既然是为学生做出示范的，是为了教学生写作文的，那么，教师作文写好了，如何在作文教学中运用，发挥指导学生写作的作用呢？一是作文指导课上读给学生听。既可以在全班学生动笔之前，把整篇文章读给学生听，也可以在学生写作或修改的过程中，根据学生写作普遍存在的问题，读出其中的某一段，进行局部指导。二是作文指导课上讲给学生听。根据学生的实际，教师可以讲本人作文的大致内容，讲教师是如何观察生活、认识生活、积累素材的，讲教师是如何立意、命题、选材、组材、修改的。三是张贴在教室里。教师也可以把自己的作文张贴在教室学习栏内，供学生仔细阅读、慢慢分析、深入学习。四是课外时间对学生进行个别辅导。教师也可以利用下水作文在课外时间对少数写作困难的学生进行单独辅导，或朗读原文，或介绍大致内容，或谈写作体会。五是作文与课文相结合，指导学生写作。教师把作文与教材中的课文很好地结合起来，形成合力，指导学生写作。阅读课上，教师引导学生学习作者是如何观察生活、认识事物、积累材料、思考想象、运用语言的；作文课上，教师把本人的写作与课文的写作联系起来，找到两者的相似点，以便启发学生进一步理解课文的语言文字运用，进一步体会教师作文的可仿、可学之处，从而让学生真正明白作文到底如何写，以此提高学生的写作水平。

以上从三个方面谈了教师写下水作文。由于教师是瞄准本班学生而写，由于教师所写内容、所抒情感、所用语言，都十分贴近本班学生写作实际，再加上教师在运用下水作文指导学生时，能够以例说法，现身说法，所以，教师写下水作文，不仅过去被著名语文教育家叶圣陶先生所推崇，现在也被许多当代语文教育家如崔峦等所赞赏，被当代许多语文名师如于永正等所践行。教师写下水作文，是一种行之有效的作文指导形式，必定会有更加美好的未来。

八、教学专著

教学专著，从根本上说，就是一篇宏篇巨著式的教学论文。普通教师写的教学专著一般在 13 万字左右。语文教师写教学专著也是有可能的。那些经常用心教学的老师，经常撰写文章、发表文章的老师，是有希望写出教学专著的。但写教学专著也不是一件容易的事，因为它标志着一位教师开始系统地建构自己的理论，标志着一个教师在专业化的道路上所达到的较高程度和较大建树。

教学专著的写作，有哪些条件？一是教师必须读了很多语文教学专业的书籍。如语文教学论、语文教学心理学、语文教学科研论著，以及许多名师的语文教学著作，像于永正、于漪、魏书生、李镇西、窦桂梅、李吉林、张庆、薛法根等老师的书。二是教师必须在语文教学领域有着丰富的实践并有所成就，至少在某一领域有长期而深入的研究。教师应该在语文教学的某一方面，朝着一定的目标，坚持几年甚至十几年地用心实践、探索。没有这个艰苦的探索过程，绝对写不出一本好书。三是教师必须是一个长于思考、善于钻研的人，喜欢独立思考。教师善于对自己语文教学的探索进行逻辑思维，包括辩证思维、发散思维、聚合思维，应会批判性思维、形象思维。四是教师平时必须喜欢爬格子，善于爬格子。教师不喜欢写小文章，别想一下子就能写出一本书。经常写论文的教师，对论文的模型与写作有了体会，自会牵引到写教学的著作上。

教学专著可以写什么？教学专著应该写自己在语文教学的某一方面长期进行实践与探索的过程与成果。比如，阅读教学中的学习语言文字运用，阅读教学中的朗读教学，作文教学中的学习语言文字运用，读写结合的教学探索，还有口语交际教学、语文综合性学习教学等。只要教师们潜下心来在语文教学的某一方面进行了深入持久的系统研究与探索，有了自己创新的做法和独特经验、体会，就能写成一本比较受人欢迎的教学专著。

教学专著应该怎么写？因为本书前文对写作教学论文已经作了多方面的、详尽的介绍，所以这里不再赘述关于写作教学专著的一些具体方法、技巧。下面仅就写教学专著应该特别注意的几个地方，作简要说明。

一是选题的论证。一本书的选题非常重要。你这本书的选题，既要切合本人的教学探索，还要有一个好的角度。书的题目要吸引人，尤其是题目中的几个关键词要能够引起读者的兴趣。2001年以来我已经撰写并公开出版了四本语文教学专著，这些专著的名字中都有几个吸引人的关键词。《教学的智慧——献给奋战在农村的小学语文教师》（2010年），这个题目会让读者明白：作者的语文教学探索，处处显示着智慧，而这些教学智慧又特别切合农村小学语文教学的实际，对农村的小学语文教师特别有帮助；《诊断式作文教学探索与教例》（2015年）、《诊断式阅读教学探索与教例》（2015年），这两本书的名字会让读者明白：书中介绍的作文教学和阅读教学，都采取诊断式的，从问题出发，探原因，开药方，而且有作者的探索验证，有大量的教学实例；《小学语文名篇朗读要诀》（2017年），这本书的名字会让读者明白：本书介绍的是名篇朗读，不是一般课文的朗读，而且还提供了"要诀"，不是一般的泛泛而谈的方法。也就是说，教学专著的名字，必须让人觉得话题虽老，但角度新；角度虽小，但容量大。

二是结构的完整。教师在写作之前，一定要先对全书的结构进行整体的思考。围绕专著的选题，确定写作顺序，分为几个章节，各章节之间有何联系等，这些都要进行系统完整的思考。这个时候，最需要教师的分析思维和概括思维能力。整体构思好了，写作起来才能确保上下一体，结构完整。

三是内容的铺陈。文章搭好了框架，下一步该是一章一章、一节一节地往里面铺陈文字，填写内容。实际上，在这个写作过程中，写作每一章、每一节，又都像写一篇比较长的文章。需要注意的是，写作每一章节的"长文章"，既要紧扣章节标题和要点，注意"文章"本身的完整性，题文相应，又要留心要点之间的上下关联，注意"文章"与"文章"之间的联系，即章节的前后衔接。

四是语言的运用。每一部教学专著，都要有个人的语言风格。专著的语言，除了具有一般性的要求，比如语法规范、用词准确、表述流畅、通俗易懂，还要能体现作者的语言个性，或诗一般的语言，感情饱满；或画一般的语言，形象鲜明；或如话家常的语言，娓娓亲切。不论什么风格的语言，都要能吸引读者，让读者体会到语言运用的美。为了让语言能吸引读者，初稿写好之后，要反复修改。我的每一部书稿，最后留出修改的时间，都在两三个月，每一部书稿从前至后，都修改了20多遍。

五是目录、序言等。一本书，"目录"是必须有的，"正文"是必须有的，其他方面由作者根据书稿内容所需，以及本人情况，自由选定。一是目录——正文动笔之前必须设计好，然后按照目录一章一章依次撰写。二是序言——可请别人为本书写序，也可以由作者本人写"自序"。自序可以在正文动笔之前写，也可以在正文完成以后补写。"自序"主要写清楚本人教学实践探索的背景、探索的过程、取得的成果，以及本书的主要内容。三是后记——当然写在正文完成之后，要写明作者为何要写这本书，写这本书得到哪些单位和个人的帮助，表示感谢。四是参考文献——如果书中引用了别人的东西，包括言论、图表、案例等，要注明作者、书名，还可以具体注明引用的书名页码；如果引用的是报刊杂志，也要写清期刊名字及出版时间或期别。五是书评——书稿完成后，可以让有关专家、名师写几句书评，体现本书已被这些专家名师认可。

第七章

教学幸福技能

第七章　教学幸福技能

最好的教育，是让人人都能获得幸福。也就是说，最好的教育，不仅让每一个受教育者能获得幸福，而且让每一个教育者也能获得幸福。我们做教师的，在教好学生，让学生从快乐的学习与成长中获得了幸福，我们教师本人，从教书育人与专业的历练发展中，也应该能获得幸福。如果做不到这些，那就不是真正的教育，就不是最好的教育。我们语文教师，为了做真正的教育，做最好的教育，为了成就学生，成就自己，除了具备上述几项核心教学技能，还应该具备哪些让我们本人也快乐与幸福的教学幸福技能呢？

第一节　热爱与梦想

热爱是做好教育的基础，梦想是做好教育的标杆。没有热爱，就没有教育；没有梦想，就没有旗帜。热爱教育，向往旗帜，心中一定会有幸福。所以，热爱与梦想是获得教育幸福的前提。

一、热爱教书这一行

热爱教书这一行，说得轻巧，做起来不易。就目前来看，真正从内心深处热爱教书这一行的教师，并不是太多。这是为什么呢？从教育外部看，尊师重教的社会风尚还未普遍形成；从教育内部看，片面应试的评教评学模式还未真正改变；从教育本身看，教育工作的琐碎、繁重与复杂性依然存在。以上种种，不同程度地制约了教师对教育的热爱。

但是从古至今，无数的经师、人师，成千上万个模范教师、优秀教师，怀着对教育的满腔热情，对教育怀有无比的热爱，这又是一个不争的事实。教育那么复杂与艰辛，为什么还有那么多教师热爱她，并终身从教而乐此不疲呢？

年轻的老师们，要热爱教育，首先要理解教育，认同教育。党和国家从没有像今天这样重视教育，从来没有像今天这样让教育优先发展、快速发展。现在党和政府对教育的投入之大，是历史上从来没有过的，教师的工资待遇在社会上也真正达到了中等偏上的地位，受到了社会的普遍青睐，愿意从教的青年人也越来越多。教育内部的生态环境也有了明显的改善。从全国形势看，从教育大局看，课程改革在稳步推进，素质教育在强力推行，核心素养在落地生根。老师们，思想决定行动，心态决定未来，眼光决定眼界。我们应该转变思想，提高认识。我们应该以阳光的心态看待未来，以积极的心态理解教育。我们要充分看到教育的大好形势，应充分看到教育的美好未来。如果我们有了积极的世界观，有了正确的教育观，那么，我们一定会发现教育是值得热爱的，是值得我们托付终身的。教育本身的特性，决定了教育的复杂性、艰巨性。但是，只要我们遵照教育教学规律，从实际出发，实事求是，科学治教，灵活施教，那么，复杂的教育也会让你觉得很简单，烦琐的工作也会让你觉得很轻松，艰巨的任务也会让你的心灵得到很多愉悦。

总之，热爱教书这一行，说难也难，说不难也不难。热爱的前提与关键是理解，是认同，是心态，是眼界，也是你热爱的方法、技能与艺术。以阳光、积极的心态看教育，以科学、艺术的方法做教育，那么你一定会热爱教书这一行。

二、憧憬未来心怀梦想

我们热爱教育，就会向往教育，就会绘制教育蓝图，就会设想教育未来的美好模样。所以，每一位热爱教育的人，心中一定有自己的教育追求，有自己的教育梦想。那么，我们广大的语文教师心中应该有什么样的教育梦想呢？

（一）做一个让学生喜欢的语文教师

喜欢是相对的。教师让学生喜欢，教师必须先喜欢学生。教师喜欢学生，就要注意与学生建立情感，建立没有任何功利性的、纯真的师生情感。从某种意义上说，学生就是教育的全部。热爱教育，首先表现在热爱学生身上。一个不热爱学生、讨厌学生，或把学生当成自己获取名利工具的教师，谈不上对教育的热爱。教师热爱教育，才能热爱学生；教师热爱学生，学生才会热爱教师。

喜欢学生，我们要理解学生，尊重学生。我们天天与学生打交道，要意识到自己也曾经是一个学生，自己也曾经调皮捣蛋过，也曾经逃过学，曾经不好好听课，不写作业，惹老师生气。我们如果能经常设身处地地理解学生，走进学生，观察学生，那么你一定会发现其实学生身上有许多优点，有许多可爱之处，有许多让人喜欢的地方。教师理解了学生，尊重了学生，喜欢了学生，学生也会理解教师，尊重教师，喜欢教师。

喜欢学生，我们要付出有理性的行动。我们怎样做才能喜欢学生呢？这方面，全国著名特级教师于永正为我们提供了宝贵的经验。于老师告诉我们，我们每天早上一走进学校，要立即提醒自己，我要怀着喜欢学生的心态开始一天的工作。比如，在校园里见到学生，笑容满面，主动热情地与学生打招呼，主动帮助学生解决各方面的困难，与学生交流时表现出特别的亲切等。于老师说，教师喜欢学生，一开始可以有意地做出喜欢学生的样子。一开始是有意而为，刻意而做，这样一段时间下来，老师便养成了习惯，便自然而然地就喜欢学生了。于老师的切身体会、宝贵经验，我们不妨也拿来尝试，学习运用。我觉得，只要你用心去爱，用情去做，坚持不懈，你一定会成为一个喜欢学生的教师，而回报你的也一定是学生特别地喜欢你！

（二）上出让学生喜欢的语文课

学生真正喜欢一个语文老师，主要表现在喜欢他的语文课。我们怎样才能上出让学生喜欢的语文课呢？语文课堂上，我们除了要理解学生、尊重学生、满腔热情，与学生建立融洽和谐的师生关系，还有一个重要的方面，即把学生带进课文描述的情境之中，让学生从对课文语言文字的理解、品味与朗读中，体会到语言文字的美，体会到思想内容的情，体会到语文学习的乐。学生一旦体会到课文是美的，体会到语文课是美的，那么，他们一定对语文有浓厚的兴趣，一定会喜欢上语文课的。

语文课堂上，尽量做到教师本人即是美丽的语文：教师写一手漂亮的粉笔字，说一口动人的普通话，教师讲课亲切生动，朗读声情并茂，提问言简意赅，启发恰到好处，点评鼓舞人心，总结发人深省。教师上出的语文课，要让学生感到收获满满，进步不断，一节不想缺，一课不想少。教师上出的语文课，让学生觉得教师有魔力，课堂有魅力，读书有意思，语文有引力。

（三）教出让学生发现自己、喜欢自己的学生

一个人的最大快乐，就是能够正确地认识自己，发现自己，相信自己，成就自己。如果我们教出的学生，都能做到以上四个"自己"，那么，这是学

生的福气，也是教师的福气。要做到这些，一个最好的办法，就是让学生经常能看到自己的进步，体会到自己的成功。教师要能发现学生一点一滴、微不足道的进步，发现了即时告诉学生。比如，学生认识汉字时发现了一个汉字的构造特点，书写汉字时某一笔写得比较规范，读书时某一句读出了其中的情味，理解时体会到某个词语运用的好处，发言时讲出了自己不同于别人的一点想法，作文时显示了新颖独到的语言表达，等等。语文课堂教学中，教师要做一个特别敏感的人。耳朵特灵，眼睛特亮，反应特快。语文课堂上，在老师的引导与提示下，学生对语文学习有越多的发现，对自己就有越多的发现，那么，他就会越自信，越学越快乐，越学越幸福。

总之，学生喜欢教师，喜欢上语文课，喜欢自己，学生快乐幸福了，教师当然也快乐幸福。这即是我们对教育未来的憧憬，对教育未来的梦想！

第二节　担当与坚强

热爱教育，立下梦想，这让教学幸福有了一个良好的开始。但是，热爱教育不能只有三分钟，立下梦想不能只是想一想。要让教学得到真正的幸福，持久的幸福，我们还要化热爱为信仰，化梦想为担当。担当使命，实现梦想，我们还必须攻坚克难，意志坚强。有了担当，有了坚强，我们的语文教学才会有幸福的保障。

一、教育担当

教育担当，作为语文教师，我们主要应该担当什么呢——应该担当起语文课改的光荣使命。

课程改革，语文是非常重要的一个学科，也是非常复杂的一个学科，是人们议论最多的一个学科。语文课改，方向是正确的，理念是先进的，形势是大好的，但实施起来却是比较困难的，道路是比较坎坷的。由于课改任务的艰巨性、课改过程的繁难性，一些地区的课改进程非常缓慢，甚至有停滞不前的状况。一些教师也被课改中遇到的困难所吓倒，教学又回到了老路。这是非常痛心的事情！

实施课改，首先要理解课改，充分地认同课改。党的十一届三中全会以来，我们国家如果不进行一系列的、大刀阔斧的改革，绝对不会有今天这么强大的国力，不会有这么好的发展形势；同理，教育如果不进行脚踏实地的改革，教学如果不进行彻骨痛心的改变，也不能真正落实素质教育，不会真正促进学生发展。语文教学不改革，不革除旧弊，是没有任何出路的！作为一位热爱教育、追求梦想的语文教师，我们要积极地拥护课改，大胆地实施课改，担负起教育使命，履行起教育责任，为素质教育的实施，为教育和民族发展的百年大计，做出自己的应有贡献。

我们应该怎样做呢？一是要学习。我们要自觉学习教学理论，学习语文课程标准，坚决落实语文课标的要求，引导学生学习语言文字运用，全面提高学生的语文素养。在新的时代、新的形势下，语文教学思想应该与时俱进。二是要培育学生的语文核心素养。当前尤其要对学生加强语文核心素养的培育，使学生能够完成语言的理解与建构，能够得到思维的历练与提升，能够学会审美的发现与鉴赏，能够进行文化的传承与发展。三是要抓住语文教学的"牛鼻子"。这个"牛鼻子"即是培养学生的读书兴趣，发展学生的阅读能力，提升学生的读书效率。学生有了读书的兴趣、方法与能力，不仅为语文学习打下了基础，而且也为其他学科的学习打下了基础。所以，对一个学生来讲，读书至关重要。四是勤于思考，不断总结。思考走过的课改之路，总结课改的经验教训，巩固和提高课改的效益，加快课改的进程。

教师们，我们担当起了语文课改的光荣使命，在教学中大胆地进行课程改革，激发了学生的读书兴趣，培育了学生的核心素养，这样，不仅让学生今天能考好，今天能高兴、能幸福，而且还能让学生有了长远发展、终身发展的本钱，让学生永远能高兴，终生能幸福。语文教学的生命在质量，而语文质量的生命就在课改。只有坚定不移地进行语文课程改革，方能大幅度、大面积地提高语文教育质量，这已成为被无数事实证明了的铁的定律。教师们，走语文课改这条路，没有错！我们应该一直往前走，永远不回头！

二、意志坚强

教育担当的步履不会平稳，课改的道路也不会一帆风顺。在前进的道路上，我们一定会遇到这样或那样的困难。怎么办呢？这个时候我们最需要的就是意志坚强，就是矢志不移，就是坚持不懈，就是永不服输，就是永不止步！

(一) 我们要以坚强的意志克服课改外部带来的困难

课改外部带来的困难,主要就是片面应试教育的干扰。一是要坚信我们走的课改之路是正确的,是有利于学生全面发展和终身发展的。我们要有方向自信、理念自信、道路自信,要有终极目标的自信。二是要坚信片面的应试教育终究是站不住脚的。我们要清醒地认识到,片面的应试教育,是一种急功近利的教育,是一种违背规律的教育,是一种不利于学生长远发展和终身发展的教育。片面的应试教育,当前已经被越来越多的有作为的校长、有思想的教师以及有觉悟的家长所反对,所抵制。我们要完全相信,片面的应试教育最终一定会被国人彻底否定! 三是我们应该有方法、有智慧、有勇气、有力量做好我们应该坚持做的正确的事情,并且有勇气、有力量用卓越的教学成绩抵制片面的应试教育,进而取得课改的成功!

(二) 我们要以坚强的意志克服课改本身的困难

我们要对课改本身的困难做好充分的估计,要有科学的应对措施。在语文教学的内容上,一定要解决重思想内容分析、轻语言文字运用这一教学中长期存在的问题;在语文教学的方法上,我们一定要解决重教师灌输讲解、轻学生主体作用发挥的长期存在的问题;在语文教学的过程中,我们一定要解决长期存在的教学目标与教学效果偏差较大的问题;在语文教学的效率上,我们一定要解决长期存在的高耗低效、少慢差费的尴尬现象。总之,我们要坚决根除语文教学过去长期存在的诸多错误,打一个胜利的语文教育翻身仗!

(三) 我们要以坚强的意志克服教师自己所存在的困难

教师自己所存在的困难,应该说,是进行语文课改所遇到的最大的困难。这个最大的困难主要表现在:理论学习不扎实,知识储备不充分;课改信念不坚定,课改目标不自信;思想僵化不解放,常被浮云遮望眼;教学态度过浮躁,教学思想求名利;教学方法不科学,教学艺术太欠缺;对待学生少爱心,走进课堂情淡薄;遇到困难败下阵,难以坚持就逃脱。

举个例子说。取得语文课改的成功,必须进行课改实验。但是,在课改实验中,老师们一定会遇到多方面的困难,包括学校的内外环境、应试教育、实验本身、学生方面、教师方面等。课改实验,是一项科学实验,必须按教育实验的科学方法进行。如果教师的课改实验不科学、不正确，加之教师本人无耐心，重名利，太浮躁，少坚持，那么在实验的过程中一遇到困难，教师必然要败下阵来，必然要偃旗息鼓。

所以，课改实验的成功，教师必须首先克服自身存在的诸多困难。战胜自己，才能克服来自各方面的困难；战胜自己，才能打赢课改这一仗！

第三节　学习与善良

在前面几个章节中，我们多次提到了学习。这里为什么还要重提学习呢？因为学习对教师的教学幸福太重要了。学习是教书之本，是育人之基，是教书育人走向成功之途。而善良呢？善良是为师之根，是处世之核，是人生圆满之源。心理学专家告诉我们，学习与善良，是人生获得幸福的两大法宝。学习助立功，善良助立人。学习与善良，让你聪明，让你睿智，让你坦荡，让你快乐，最终让你走向幸福！

一、虚心学习

学习的前提是虚心。虚心，即是知道自己的不足，知道自己的差距，知道自己不如别人。我的体会是，只有真的虚心了，才想学习，才会学习，才能有效地学习，才能获得学习的快乐。毛泽东主席早就教导我们："虚心使人进步，骄傲使人落后。"历史上，任何吃大亏、打败仗的将领，都是因为傲慢；生活中，任何犯错误、走弯路的个人，都是因为不虚心。所以，虚心，是学习的前提，是进步的阶梯，是人生的大智。

虚心学习，我们首先要孜孜不倦地向书本学习。只要你热爱你的事业，有了远大的理想，有了成功的期望，那么你一定会扑下身子、脚踏实地地去读书学习。只要你担当了课改，进行了实验，有了让学生健康发展的美好愿望，那么你就必须挤出尽可能多的时间，读很多的书，进而尝到许多别人所没有的快乐。

虚心学习，我们还要心悦诚服地向生活学习。生活是我们学习的广阔天地，是我们获得经验智慧的一本无字的大书，是我们可以大有作为的多彩舞台。我们向生活学习，首先向生活中的人学习，向周围的人学习。孔子在两千多年前就告诉了我们："三人行，必有我师焉。择其善者而从之，其不善者而改之。"赶上别人甚至超越别人的最佳选择，不是嫉恨，不是耍手腕，而是躬下身子、夹起尾巴、真心实意地拜别人为师，向能者学习。生活中的每一个人，只要你善于发现，都有值得我们学习的地方。在平时的为人处世中，我们如果有了虚心向身边人学习的心理和行为，就不但让你增加了知识，而且也化解了与人不和的诸多矛盾，消除了与周围人的许多障碍，让你每天有个好心情。我们向生活学习，还要向生活中的文化学习。生活中的文化，比如健康向上的校园文化，日益创新的科技文化，日新月异的经济文化，形象大美的建筑文化，丰富多彩的社会文化，大象无言的山水文化等。全国著名特级教师窦桂梅曾经说过，只要想学习，我们每天睁开眼，就可学习，到处都能学习，每时每刻都有无止境的学习，每处每地都有享受不了的学习快乐！

二、习于善良

习于善良，就是养成善良的习惯。魏书生老师认为，为人善良的一个最明显的标志，就是助人，就是心甘情愿地为别人服务，为人民服务。我们做教师，我们教书育人，我们追求事业的成功，一定要建立在为别人服务、为学生服务、为了让学生获得快乐幸福的基点上。为别人服务了，为别人贡献了，让别人活得更好了，才是我们最根本的人生追求。为别人服务了，为别人贡献了，让别人活得更好了，我们的人生才有了真正的价值，才有了真正的意义，才能从我们的服务、贡献中，体会到做人的快乐，品尝到做人的幸福。

养成助人为乐的习惯，我们必须从以下几个方面去做：一是真正明白助人之价值，自觉而为。送人玫瑰，手有余香。从生活中我们发现，社会上那么多志愿者，那么多义工，每天很充实，他们个个很阳光，都很快乐。他们真正体会到了助人的价值与意义。他们是发自内心地主动而为，是真正明白了人为什么活着。二是真正做到教育即帮助，科学而为。语文教育，实际上是帮助学生学好语文。我们是帮学，是助学；学生是主学，是学习的主角。我们是助产师，是"接生婆"，学生是接受继承并进而更新弘扬知识的主人。从这个角度讲，我们作为为学生服务的"助产师"，应该对学生态度好，应该引导好，应该鼓励好，应该启发好，应该服务好。教师的存在，就是为了让学生学习得更好，生产得更好，生活得更好，就是为了让学生有一个快乐、幸福的人生。三是真正完成助人之义务，忠诚而为。忠诚，即实在，真诚。人活着就是为别人做奉献的。教师就是为学生做奉献的。我们教书育人，我们教人助人，要诚恳，要勤奋，要做好工作，完成义务。我们为学生服务，学生个个都好了，我们才是真正的好；学生个个都快乐与幸福了，我们才会有真正的快乐与幸福！

参考文献

［1］教育部制定：《义务教育语文课程标准》（2011年版），北京师范大学出版社，2012年1月第1版。

［2］教育部组织编写：《〈义务教育语文课程标准（2011年版）〉解读》，高等教育出版社，2012年2月第1版。

［3］王荣生主编：《阅读教学教什么》，华东师范大学出版社，2016年8月第1版。

［4］吴忠豪：《从"教课文"到"教语文"——小学语文教学专题行动研究》，高等教育出版社，2012年3月第1版。

［5］吴忠豪：《从追求"教过"到追求"学会"——再谈围绕本体性教学内容组织教学》，上海教育出版社，《小学语文教师》2014年第9期。

［6］王荣生：《听王荣生教授评课》，华东师范大学出版社，2007年8月第1版。

［7］李海林：《教师二次成长论》，载王荣生主编《语文教师专业发展十四讲》第60—76页，华东师范大学出版社，2015年3月第1版。

［8］苏霍姆林斯基：《给教师的建议》，教育科学出版社，1984年6月第2版。

［9］余映潮：《致语文教师》，华东师范大学出版社，2013年5月第1版。

［10］郭元祥：《教师的20项修炼》，华东师范大学出版社，2008年4月第1版。

［11］李海林：《语文教学科研十讲》，浙江教育出版社，2005年12月第1版。

［12］王道俊、郭文安：《教育学》，人民教育出版社，2016年6月第7版。

［13］冯忠良等：《教育心理学》，人民教育出版社，2000年12月第1版。

［14］孙正聿：《哲学通论》，辽宁人民出版社，1998年9月第1版。

［15］刘再复：《文学常识二十二讲》，人民东方出版传媒、东方出版社，2016年1月第1版。

［16］朱永新：《苏霍姆林斯基教育箴言》，教育科学出版社，2016年

1月第1版。

　　[17]朱永新、高万祥:《教师第一课》,福建教育出版社,2013年11月第1版。

　　[18]杨斌:《什么是真正的教育》,福建教育出版社,2010年1月第1版。

　　[19]李异鸣、杨肖:《陶行知教育箴言》,哈尔滨出版社,2011年8月第1版。

　　[20]方明:《陶行知教育名篇》,教育科学出版社,2005年1月第1版。

　　[21]朱永新:《叶圣陶教育箴言》,福建教育出版社,2013年11月第1版。

　　[22]周益民:《叶圣陶谈语文教育——怎样学好语文》,浙江文艺出版社,2012年3月第1版。

　　[23]任苏民:《叶圣陶教育改革思想研究》,苏州大学出版社,2004年9月第1版。

　　[24]于永正:《教海漫记》(增订版),中国矿业大学出版社,2005年1月第1版。

　　[25]窦桂梅:《优秀小学语文教师一定要知道的7件事》,中国青年出版社,2007年5月第1版。

　　[26]魏书生:《魏书生谈语文教学》,河海大学出版社,2005年5月第1版。

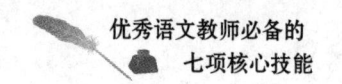

后记：不信东风唤不回

亲爱的老师们，当我最后给这本书画上句号的时候，心里还有一些话想对您说。

您读过了这本书，从这本书所写的内容，想必您已经明白：书中讲到的"优秀语文教师"，不是那些高高在上、只有少数人才能达到的所谓全国名师，不是那些少数整天出去讲学、频繁出去开会的光鲜教师，也不是那些少数高大上、挂大彩的教师，而是众多脚踏实地、有真才实学、有看家本领的优秀教师，是众多学生喜欢、学校欢迎、家长认可的优秀教师，是众多自己发现自己、自己相信自己、自己成就自己、自得其乐、自享其福的优秀教师。这么多的"优秀"，这样实实在在的"优秀"，其实是容易达到的。只要我们在平时的语文教学中，切切实实地执行课标，因材施教地发展学生，循序渐进地提高质量，与时俱进地成长自己，就能达到！只要我们在平时的语文教学中，历练核心技能，掌握看家本领，勤奋学习，不断实践，矢志不移，坚持不懈，人人都能达到！也就是说，书中所追求的"优秀"是接地气的，是真正为学生着想的优秀，是与学生共同成长进步的优秀，是大家既可望又可及的优秀。大家有了这样的优秀，就都能过上自由、快乐、有尊严、有幸福的教学生活，就都能成为一个光荣而伟大的语文教师！

亲爱的老师们，立下愚公移山志，不信东风唤不回！优秀在等着您，幸福在盼着您。让大家携起手来，并肩前进，相互鼓舞，走向优秀，奔向幸福吧！

杨海棠

2017 年 12 月 13 日